1975 Colloquium on Hispanic Linguistics

Frances M. Aid
Florida International University

Melvyn C. Resnick
Florida Atlantic University

Bohdan Saciuk
Universidad Interamericana de Puerto Rico
Recinto de San Germán

Editors

Georgetown University Press, Washington, D.C. 20057

Library of Congress Cataloging in Publication Data

Colloquium on Hispanic Linguistics, 2d, Tampa, Fla.,
   1975.
   1975 Colloquium on Hispanic Linguistics.

   Contains 13 of the 19 papers presented at the
2d Colloquium on Hispanic Linguistics held in Tampa,
Fla., July 17-19, 1975, in conjunction with the
1975 Linguistic Institute of the Linguistic Society
of America.
   1. Spanish language--Congresses. 2. Spanish
language--Dialects -Congresses. I. Aid, Frances M.
II. Resnick, Melvyn C. III. Saciuk, Bohdan.
IV. Linguistic Institute, University of Southern Florida, 1975.
PC4021.C53 1975   460   76-53729
ISBN 0-87840-043-5

International Standard Book Number: 0-87840-043-5

Texas Woman's University
BILINGUAL-BICULTURAL EDUCATION PROGRAMS
College of Education
Dept. of Curriculum and Instruction
Box 23029, TWU Station
Denton, Texas 76204

CONTENTS

INTRODUCTION

The Second Colloquium on Hispanic Linguistics was held in Tampa, Florida, July 17-19, 1975, in conjunction with the 1975 Linguistic Institute of the Linguistic Society of America.

The co-organizers hoped to continue the idea first conceived and realized by William G. Milán, John J. Staczek, and Juan C. Zamora in 1974 to provide a yearly forum for the advancement of Hispanic and Portuguese linguistics in the United States. As a result of the success of the first two colloquia, a third one was held July 24-25, 1976, in Oswego, New York, in conjunction with the 1976 Linguistic Institute.

One of the goals of the 1975 Colloquium was to bring about increased communication and personal contact between scholars in this country and in Ibero-America. We were gratified to have as participants a number of linguists from Brazil, Guatemala, Mexico, Puerto Rico, Spain, and Venezuela, with invited papers by Juan M. Lope Blanch of the Colegio de México and the Universidad Nacional Autónoma de México, and by Humberto López Morales of the Universidad de Puerto Rico.

Of the nineteen papers presented at the Colloquium, thirteen appear in this volume. The program included panel discussions of Spanish Syntax, chaired by Theodore V. Higgs, The Pennsylvania State University; of Spanish in the United States, chaired by Juan C. Zamora, University of Massachusetts; of Bilingualism and Language Acquisition, chaired by William G. Milán, Teachers College Columbia University; and of Brazilian Linguistics, chaired by Marcia Fisk, Michigan State University.

We are extremely grateful to Roger Cole, Director of the 1975 Linguistic Institute, for the moral, financial, and administrative support that made the Colloquium possible, and to Richard J. O'Brien,

S. J., General Editor and Director of the Publications Department, Georgetown University School of Languages and Linguistics, for his valuable assistance in the production of this volume.

FMA
MCR
BS

QUEISMO Y DEQUEISMO EN EL HABLA CULTA DE CARACAS

PAOLA BENTIVOGLIO

Instituto de Filología 'Andrés Bello'
Universidad Central de Venezuela

0. Introducción

0.1. La presente investigación es resultado del análisis de un corpus representativo del habla culta de Caracas. El corpus está constituido por un material discursivo de 25 horas de grabación en cintas magnetofónicas, recogidas entre 1968 y 1974.

La idea de realizar este análisis ha surgido del conocimiento de un trabajo análogo de Ambrosio Rabanales, de la Universidad de Santiago de Chile.[1] Mi intención ha sido hacer un estudio semejante al del Dr. Rabanales, aunque de alcance más limitado, con los materiales recogidos en Caracas, a fin de poder comparar algunos resultados de las dos investigaciones. Para ello he procurado que el corpus fuera, en su constitución, lo más semejante posible al de Santiago de Chile, en lo que se refiere a las características de los informantes: (a) número de ellos, (b) sexo, (c) edad, (d) profesión (en este aspecto hemos encontrado la mayor dificultad).

Así como en Santiago de Chile, y de acuerdo con las normas internacionales establecidas para la realización del 'Estudio coordinado de la norma lingüística culta de las principales ciudades de Iberoamérica y de la Península Ibérica',[2] el equipo del Instituto de Filología 'Andrés Bello' de Caracas ha seleccionado un corpus parcial de 25 horas de grabación para llevar a cabo los análisis. Por ahora nos hemos limitado a los apectos morfosintácticos, que considera-ramos la primera etapa de nuestras investigaciones.

1

Las características del corpus son las siguientes: (1) Total de informantes: 50 (26 hombres y 24 mujeres), (2) Tiempo de grabación, según los porcentajes señalados por las normas: 25 horas, distribuidas del modo siguiente:

1er. grupo generacional (de 25 a 35 años);
    8 hombres: 3 h. 45'
    8 mujeres: 3 h. 45'   7 h. 30' = 30%
2º   grupo generacional (de 36 a 55 años):
    11 hombres: 5 h. 38'
    11 mujeres: 5 h. 38'   11 h. 16' = 45%
3er. grupo generacional (desde 56 años):
    7 hombres: 3 h. 44'
    5 mujeres: 2 h. 30'   6h. 14' = 25%

Independientemente del factor tiempo, los informantes se distribuyen como sigue:

1er.   grupo   hombres 8
                mujeres 8   16 = 32%
2º   grupo   hombres 11
                mujeres 11   22 = 44%
3er.   grupo   hombres 7
                mujeres 5   12 = 24%

Como se ve, las proporciones no se han podido respetar enteramente en el 3er. grupo, pues por el momento nos faltan aún grabaciones de habla formal de mujeres pertenecientes a esta generación.

Las grabaciones corresponden a tres formas elocutivas, [3] en la proporción siguiente:

Diálogos dirigidos: 10 horas (40%)
Diálogos libres: 10 horas (40%)
Charlas y conferencias: 5 horas (20%)[4]

0. 2. 'Dequeísmo' y 'queísmo' designan dos formas diferentes, muy relacionadas entre sí, de comportamiento lingüístico.

0. 2. 1. Por 'dequeísmo' se entiende la tendencia a usar la preposición de delante del que que encabeza una cláusula con verbo en forma personal, contrariamente a lo que haría esperar o prescribe la norma estándar:

. . . cuando uno lee por ahí de que . . . Caracas va a tener
cuatro millones de habitantes para el año '90 . . . (2H, 69 i).

La prueba de que la preposición de sobra está en que nunca se usa
cuando al mismo verbo le sigue un sintagma nominal: 'Pedro lee un
libro'.

0.2.2.   Por 'queísmo' se entiende la tendencia opuesta, es decir,
la omisión de la preposición de delante de una cláusula, con verbo en
forma personal, encabezada por que:

. . . te acuerdas que, pasando por el Paseo Orinoco, están
unas piedras enormes . . . (1H, 38 i).

La norma estándar hace esperar la presencia de de delante de estas
cláusulas, como en el caso siguiente:

. . . me acuerdo también de que yo vi un río inmenso . . .
(2H, 69 i).

Se prueba que la preposición de no puede faltar observando oraciones
en que el mismo verbo está seguido por un sintagma nominal ' . . .
me acuerdo del cine de La Pastora . . .' (2H, 10 i), o por una
cláusula de infinitivo: 'Acuérdate de cerrar la puerta'.

0.2.3.   Según Ambrosio Rabanales esta inestabilidad normativa--
que se da no sólo dentro de una misma comunidad lingüística, sino
dentro de un mismo idiolecto--se debe al:

cruce de dos estructuras parecidas: cp. 'espero que venga
mañana' ~ 'tengo la esperanza de que venga mañana',
ejemplos que, por obra de dicho cruce, pueden transformarse
fácilmente en 'espero de que venga mañana' (dequeísmo);
'tengo la esperanza que venga mañana' (queísmo). [5]

Yo no me atrevería a sustentar esta hipótesis, pues si bien en muchos
casos se pueden encontrar verbos cuyo significado sea más o menos
equivalente al de un verbo + sintagma nominal (esperar = tener la
esperanza; creer = tener la creencia), hay muchísimos otros--diría
la mayoría--para los cuales esta posibilidad no se da (comentar,
comprender, decir, leer, oír, saber, etc.).
   No me propongo, en este momento, explicar la razón por la cual
ocurren estos fenómenos, sino solamente señalar los resultados
obtenidos en el análisis del corpus. Lo interesante, creo, es que
algunas zonas dialectales son más 'dequeístas' que otras, y la

observación cuidadosa de este fenómeno podría servir para
establecer diferencias diatópicas, en el nivel morfosintáctico. Como
se verá, Santiago de Chile y Caracas difieren enormemente en cuanto
a este punto, aun cuando cabe suponer que en Caracas el fenómeno se
encuentra en fase de rápido aumento.

1. Dequeísmo

1.1. Verbo + que. Me limito a considerar, en este trabajo, sólo
las estructuras constituidas por un verbo seguido de una cláusula
encabezada por que, con función de objeto. El estudio de este tipo
de cláusulas con función de sujeto lo reservo para un próximo trabajo
que complementará el presente.

En el apéndice se encuentra la lista completa de los verbos
registrados en el corpus de Caracas y en el de Santiago de Chile; en
la parte A los verbos construidos solamente con que, en la B los
verbos con que y de que, es decir los que admiten ambas posibilidades. [6]

En el corpus de Caracas aparecen construidos con las alternancias
que y de que solamente 7 verbos, frente a los 23 registrados en
Santiago de Chile. Son los siguientes: comentar, comprender, decir,
leer, reconocer, saber y sentir. Los verbos amenazar, hablar
'decir' y oír aparecen sólo con de que; en el corpus no hay ejemplos
de estos verbos con que, lo que evidentemente no quiere decir que
no admitan esta construcción. Presento a continuación las observaciones sobre los casos encontrados:

comentar: 4 ocurrencias con que, como:

. . . le comentaba a un amigo que el hecho de haber vivido
en esta parroquia . . . (1H, 38 i),

frente a una sola con de que:

. . . comentó con alguien de que ya era profesora . . .
(2M, 01 i).

comprender: 10 apariciones con que, de las cuales cito una:

. . . comprendo que no se puede hacer . . . (2MB, 154 d),

y una sola con de que:

. . . comprendía de que se me quedaba gran parte por
comprender . . . (2M, 42 i).

Los informantes que alternan las dos construcciones son cuatro:
70 con los verbos decir y saber, 1M 128 con decir, 1M 45 con
lar 'decir' y 3HA 157 con reconocer.
Cabe también señalar que no parecen ser relevantes para el
meno en estudio ni el tiempo, ni el modo, ni la forma--personal
personal--en que aparece el verbo que rige la cláusula subor-
da, pues la construcción con de que se ha registrado: (a) con
os en tiempo pasado (comentó de que, comprendía de que, has
ado de que, oí de que) y presente, tanto del indicativo como del
ntivo (amenaza de que, dicen de que, hablas, habla y hablan de
lee de que, reconozco de que, sepas de que) y (b) con las formas
gadas ya citadas o bien con un infinitivo (quiere decir de que,
nos que reconocer de que). Lo mismo observa Ambrosio
nales en el artículo mencionado (pág. 417).
la lista (véase Apéndice B) de los verbos con 'dequeísmo'
ía estar también pensar, que en efecto ha aparecido tres veces
uido con de que en el corpus, pero prefiero reunir todas las
raciones relativas a este verbo en el punto 2.
evidente la gran diferencia entre los datos de Caracas y los
iago de Chile, pues en el corpus de esta ciudad los verbos
uidos sólo con que son 52 y los que presentan alternancia de
e que son 23, lo que representa aproximadamente un 31%
mparado con el 10% de Caracas, hace pensar que este
no diferencia el español hablado en las dos ciudades. Es
que en el trabajo sobre Santiago de Chile no aparezcan las
elativas al número de ocurrencias registradas por cada verbo,
o permite establecer comparaciones más ajustadas.

ueísmo

Verbo no-pronominal

+ de que. Se trata de verbos que se construyen habitual-
n un sintagma preposicional, constituido por la preposición
gma nominal. Cuando lo que sigue al verbo es una cláusula
la por que, ésta 'debería' estar precedida por la misma
ón que aparece en el sintagma preposicional. La omisión
osición de constituye un evidente caso de 'queísmo':
ha encontrado que en Santiago de Chile la de se omite a
los verbos convencer, dudar, hablar y tratar. En el
Caracas no he encontrado ningún caso de este tipo.

+ en que. Rabanales, en el artículo citado (pág. 438),

decir: se han registrado 255 casos con que, de los cuales uno es el siguiente:

. . . pero yo diría que, en el Derecho, los conceptos no cuantificables que no se pueden axiomatizar . . . son relativamente pocos . . . (3H, 105 f),

y solamente 3 con de que, como:

. . . me dicen de que es falso . . . (1H, 70 d).

leer: 2 ocurrencias con que, y una es:

Pero también he leído que . . . el aeropuerto de La Carlota va a desaparecer . . . (2H, 113 d),

y una sola con de que, que es la ya citada en el punto 0.2.1, de un informante hombre del 2° grupo.

reconocer: 2 casos con que, como el siguiente:

. . . yo reconozco que son personas muy valiosas . . . (3H, 27 i),

y uno con de que:

. . . hoy tenemos que reconocer con satisfacción de que tenemos artistas de teatro realmente buenos . . . (3HA, 157 d).

saber: 139 ocurrencias con que, un ejemplo es:

Tú sabes que el horario nuestro lo envidia mucha gente. (2H, 113 d),

y uno solo con de que:

. . . para que tú sepas de que eso es cuando le salga el encanto . . . (1H, 70 d).

sentir: 10 casos con que, como:

. . . hacen sentir a la gente que están vivos y que viven en un mundo en donde hay bondad . . . (2H, 76 d), y solamente uno con de que:

> . . . yo conozco . . . la razón que tienen mis colegas de
> sentir de que . . . a lo mejor se está haciendo una injus-
> ticia . . . (2H, 86 f).

Hay que considerar, además de los verbos citados, otros dos que
curiosamente aparecen sólo construidos con de que:

amenazar: un solo caso:

> . . . pero no es que amenaza de que el cine puede desapa-
> recer . . . (2H, 88 f);

hablar 'decir': 5 ocurrencias todas con de que, como:

> . . . pero entonces no me hables de que se está buscando
> una salida distinta . . . (1M 45 d).

oír: 2 ocurrencias del mismo informante, una es:

> . . . yo oí en el radio de que uno de los rehenes había
> logrado escaparse . . . (1M, 70 d).

Resumiendo: sólo estos 10 verbos aparecen en el corpus
construidos con de que (y no con que, como haría esperar la norma
estándar), frente a 104 construidos con que, lo que representa
aproximadamente un 10%, que en realidad no significa mucho, pues
el total de las ocurrencias de estas construcciones 'anómalas' es
apenas de 17, frente a 970 ocurrencias de verbos construidos con
que. Los informantes que han empleado las construcciones con de
que son, en total, once (seis hombres y cinco mujeres), y de éstos
seis pertenecen al 2° grupo generacional, cuatro al 1° y sólo uno
al 3er. grupo, según puede verse en Ilustración 1.

Cabe observar que sólo tres informantes utilizan la construcción
con de que con dos verbos diferentes: un hombre (H 70) del I grupo
con decir y saber, una mujer (M 45) del I grupo con decir y hablar
'decir', y un hombre (157 A) del III grupo con hablar 'decir' y
reconocer. En todos los otros casos de que se da, en un idiolecto,
con un solo verbo y casi siempre una sola vez (constituyen una
excepción las dos ocurrencias de oír y hablar 'decir' + de que), lo
que haría pensar en un uso esporádico, al que no valdría la pena
asignarle, por ahora, excesivo valor. No me parece que podría
hablarse de informantes 'dequeístas' basándonos en los datos
ofrecidos por el corpus analizado, pues de un total de cincuenta

ILUSTRACION 1.   Dequeísmo.

	N° de ocurr.	I Grupo H	I Grupo M	II Grupo H	II Grupo M	III Gr H	III Gr [M]
1 amenazar	1			1			
2 comentar	1				1		
3 comprender	1				1		
4 decir	3	1	1		1		
5 hablar 'decir'	5	1	(1)			1	
6 leer	1			1			
7 oír	2		1				
8 reconocer	1						(1)
9 saber	1	(1)					
10 sentir	1			1			
Totales:	17	2	2	3	3	1	

Cuando un mismo informante debe aparecer e[...]
dos o más veces (por ej: el informante H 70 apa[...]
columna H del I grupo, pues utiliza de que con d[...]
número que a él se refiere está sin nada la prim[...]
paréntesis las otras. Los números entre parén[...]
en cuenta para los totales.

informantes sólo once utilizan, muy raramen[...]
de que en lugar de las correspondientes 'corr[...]
más importante que el número de los informa[...]
en sentido absoluto, me parece la escasa fre[...]
construcciones 'dequeistas'; hay que notar ta[...]
frecuencia (5) de estas construcciones se da[...]
cuando significa 'decir'; hablar se construy[...]
posición de (= acerca de, sobre) cuando sig[...]
disertar'. El uso de hablar con este signif[...]
que hace suponer que el hablante, al emple[...]
de 'decir', utiliza la construcción con de q[...]
verbo puede construirse de manera difere[...]
otro significado.

Hay que observar también que para un[...]
alternar las dos construcciones dentro d[...]
incluso dentro de una misma oración o p[...]
siguiente:

> . . . yo diría que [el paracaidismo] [...]
> más seguros que existen en Venezue[...]
> tilda a mí de mentiroso, me dicen d[...]
> (1H, 70 d).

Si bien el queísmo se refiere por definición a la omisión de
de ante el que . . . , de hecho la omisión se extiende
también a otras preposiciones, y, sobre todo, a en . . .

En el corpus de Caracas dos verbos, insistir y pensar, alternan
tres construcciones diferentes: solamente con que (queísmo), con
en que y con de que (dequeísmo). Rabanales señala la alternancia,
para estos dos verbos, de construcciones con que y en que, pero no
menciona casos construidos con de que. En Caracas se dan las tres:

insistir + en que es la construcción más frecuente: 3 casos, todos
de un mismo informante, (que también usa insistir + que), y un
ejemplo es:

. . . yo insisto en que tu posición . . . no es . . . efectiva
. . . (1M, 45 d);

insistir + que: 2 ocurrencias, como:

. . . yo insisto que el problema no es . . . tal y como . . .
tú lo planteas . . . (1M, 45 d);

insistir + de que: un solo caso de un informante que nunca es
'dequeísta':

. . . insistiendo además con los muchachos de que el . . .
capital más importante . . . es su capacidad de razonar
. . . (2H, 10 i).

pensar también presenta las tres construcciones señaladas, como
puede verse en los siguientes ejemplos:

. . . yo pensé que la aceptación de ellos iba a ser grandiosa
. . . (1M, 70 d);
. . . le entra un terror horrible de pensar de que ella va
a vivir el terremoto . . . (2M, 104 d);
. . . tiene que pensar en que las elecciones son . . . uno
de tantos pasos que se dan . . . (1M, 45 d).

Cabría la posibilidad de considerar que, puesto que pensar tiene
dos significados: 'creer' y 'reflexionar', solamente podría darse la
alternancia de las construcciones con que o de que cuando se
actualiza el primer significado. Sin embargo, los pocos ejemplos
(3 en total) de pensar + de que hallados en el corpus no permiten

comprobar esta hipótesis; para hacerlo será necesario analizar un corpus mucho más amplio, de quizá 50 o 100 horas de grabación.

De todas maneras, por ahora, es interesante señalar las proporciones de las diferentes construcciones: 85 casos de pensar + que, 3 de pensar + de que, y 2 de pensar + en que. Como se ve, las ocurrencias de pensar con de que y con en que son muy escasas; además los dos casos de pensar + en que se deben a una misma fuente, el informante 1M 45; y de los tres de pensar + de que, dos pertenecen al informante 2M 104 y uno a 2M 109, que alternan de que y que, y nunca son 'dequeístas' con otros verbos.

Lo que el análisis de este corpus permite afirmar es que el uso más común es, sin lugar a dudas, el de pensar + que, sin preposición.

2. 2.   Verbo pronominal

2. 2. 1.   + de que. Estos verbos rigen habitualmente un sintagma preposicional, con la preposición de, la cual puede omitirse cuando sigue al verbo una cláusula encabezada por que. Los verbos de este tipo registrados en el corpus son en total 11, de los cuales 6 (admirarse, impresionarse, ocuparse, preocuparse, quejarse y tratarse) aparecen solamente construidos con de que en los 10 ejemplos encontrados. De los 5 verbos restantes 4 (acordarse, convencerse, enterarse y recordarse) admiten ser construidos con de que o con que y uno (olvidarse) ha aparecido solamente con que.

2. 2. 1. 1.   En los 6 verbos mencionados no se da ningún ejemplo de 'queísmo'; Rabanales señala en cambio construcciones sin de para preocuparse y además en otros verbos que no han aparecido en el corpus de Caracas.

2. 2. 1. 2.   Los 4 verbos en que alternan de que y que son: acordarse: 3 casos con de que, como:

. . . ella se acuerda . . . de que su padre le ha contado
. . . (2M, 104 d),

y 31 con que solamente; un ejemplo es el siguiente:

Me acuerdo que el año '38 empecé a ser monaguillo . . .
(2H, 10 i).

El informante 2H 69 alterna las dos construcciones en el mismo párrafo, a pocos segundos una de la otra ('me acuerdo que en el tren

un señor andaba preocupado diciendo' y 'me acuerdo también de que
yo vi un río inmenso').

En el corpus de Santiago de Chile no hay ni un solo ejemplo de
acordarse + de que. Este hecho (y el que en Caracas sólo se hayan
registrado tres casos) demuestra que los resultados de los análisis
realizados en las dos ciudades son prácticamente iguales y que con
acordarse la omisión de la preposición de es sistemática. Rabanales
dice que acordarse + que puede explicarse por la influencia de recordar + que, uso que de hecho es muy frecuente (43 ocurrencias en el
corpus de Caracas).

Cabe señalar que, de los 31 casos de acordarse + que, 12 pertenecen a un mismo informante (H10) del 2° grupo.

convencerse: sólo 2 casos, uno con de que:

. . . si nosotros no nos convencemos de que la educación
debe . . . abrirle campo a su razonamiento . . . (2H, 10 i),

y uno con que solamente:

. . . convéncete que antes había rateros que se metían en
las casas . . . (3MA, 154 d).

Rabanales señala que en el corpus de Santiago convencerse + de
que "aparece sólo en una de las formas analíticas del verbo: 'yo
estoy convencida de que soy la peor'". [7]

enterarse: también de este verbo sólo hay 2 casos, uno con de que:

. . . todo el vecindario se enteró de que ella estaba dando a
luz . . . (1H, 113 d),

y el otro con que:

. . . yo no sé si te enteraste que ese tráfico . . . que fue
descubierto hace poco, bueno allí está metida gente . . .
(1H, 38 i).

En el corpus de Santiago se ha registrado un solo caso, sin de.

recordarse: un solo caso con de que:

. . . me recordé de que . . . hace como cincuenta años
. . . se acostumbraba visitar un sitio . . . (3H, 141 d),

y uno con que, como:

. . . pero después <u>se recuerda que</u> es el ventinueve . . .
entonces a ella le entra un terror horrible . . . (2M,
104 d).

Según Rabanales <u>recordarse</u> se da con mucha frecuencia en el
habla culta de Santiago y 'es el resultado del cruce entre <u>recordar</u>
(algo) y <u>acordarse</u> (<u>de</u> algo), de donde, pues, <u>recordarse</u> (<u>de</u> algo)'
(pág. 428).

<u>olvidarse</u>: aparece siempre construido con <u>que</u>, en los 8 casos
encontrados, uno de los cuales es:

. . . no <u>nos olvidemos que</u> nosotros somos hijos de tres
(<u>sic</u>) . . . (3HA, 157 d).

<u>Olvidarse</u> aparece también en el <u>corpus</u> de Santiago, y siempre
sin <u>de</u>. Rabanales supone que para <u>olvidarse</u> el 'queísmo' se debe a
la influencia del correspondiente verbo no-pronominal <u>olvidar</u>, que
se construye con <u>que</u>; la interpretación es análoga a la de <u>acordarse</u>
+ <u>que</u> (por influencia de <u>recordar</u> + que).

2.2.2. + <u>en que</u>. Así como sucede con los verbos no-pronomi-
nales, hay verbos pronominales que se construyen con la preposición
<u>en</u>, que puede omitirse cuando después del verbo hay una cláusula
encabezada por <u>que</u>. El único verbo de este tipo que se ha recogido,
tanto en Caracas (con 38 apariciones) como en Santiago de Chile, es
<u>fijarse</u>, que aparece en ambas localidades siempre sin <u>de</u>, como en
el ejemplo siguiente:

Sí, <u>fíjate que</u> nosotros vamos a una reunión social . . .
(1M, 104 d).

Rabanales dice (pág. 438) que el verbo <u>fijarse</u> nunca se construye
con <u>en que</u> y pone de relieve el valor apelativo de las secuencias
<u>fíjate que</u> (<u>fíjese que</u>), cuyo significado es muy diferente al de
'observar', 'prestar atención', etc.

2.2.3. + <u>otras preposiciones</u>. <u>a</u>: se omite con el verbo <u>aspirar</u>,
del cual el único caso es:

. . . uno <u>aspira</u>, por lo menos, <u>que</u> esa persona le retribuya
a uno . . . las manifestaciones de . . . cariño . . . (2H, 76 d);

<u>con</u>: se omite con el verbo <u>encontrar</u>, del cual se han registrado 16
casos sin preposición; un ejemplo es el siguiente:

. . . se <u>encontraron que</u> el asentamiento estaba libre de
todo tipo de . . . hierbas . . . (1M, 70 d),

y uno solo con la preposición:

. . . se <u>encontró con que</u> la sicología de la <u>Celestina</u> . . .
está totalmente cambiada . . . (2M, 104 d).

3. Conclusiones. Según los datos analizados en el punto 1,
Caracas no manifiesta el fenómeno del 'dequeísmo' con la misma
intensidad que Santiago de Chile. Los casos encontrados son realmente muy pocos y permiten postular la hipótesis de que este fenómeno,
contrariamente a lo que podría suponerse <u>a priori</u>, tan sólo empieza
a manifestarse, con tendencia a cierto aumento, y que los resultados
de un análisis análogo podrían ser muy diferentes a los del presente
trabajo, dentro de unos cuantos años.

El 'queísmo' es, aparentemente, un fenómeno mucho más
relevante, debido a la gran frecuencia de verbos como <u>pensar</u>,
<u>acordarse</u> y <u>fijarse</u>, si se considera que las construcciones de
<u>pensar + que</u> y <u>fijarse + que</u> constituyen verdaderos casos de
'queísmo'. Yo me inclinaría a no considerarlos tales, pues son
verbos que, por los problemas semánticos señalados, parecen de un
tipo diferente al de verbos como <u>insistir</u>, <u>convencerse</u> o <u>enterarse</u>,
por ejemplo, y deberían por lo tanto recibir un tratamiento distinto.
Si se aceptara este punto de vista, habría que considerar que
existen dos verbos <u>pensar</u>, que se construyen de manera diferente:
$pensar_1$ 'creer' con <u>que</u> (y alterna con <u>de que</u> por 'dequeísmo') y
$pensar_2$ 'reflexionar' con <u>en que</u> (y alterna con <u>que</u> por 'queísmo').
De adoptarse esta hipótesis, los casos de 'queísmo' se reducirían
notablemente, lo que permitiría afirmar que--dentro de los límites
del <u>corpus</u> analizado--también el fenómeno del 'queísmo' es
prácticamente irrelevante.

De todas maneras hay que tener presente que la comparación
entre los datos de Caracas y los de Santiago sólo ha podido es-
tablecerse en base a la nómina de los verbos de las dos ciudades,
sin poder llegar a resultados más definitivos, por desconocer la
frecuencia de los fenómenos registrados en el habla culta de Santiago
de Chile.

APENDICE A: Verbo + que

Caracas		Santiago de Chile
Verbos	Nº de ocurrencias	Verbos
aceptar	3	aceptar
aclarar	1	--
aconsejar	3	--
admitir	1	--
--	--	advertir
afirmar	6	--
agradecer	1	--
--	--	agregar
ameritar	1	--
anunciar	3	anunciar
apreciar	1	--
aprender	1	--
apuntar	3	--
asegurar	1	asegurar
asumir	1	--
avisar	2	--
--	--	calificar
calcular	1	--
cambiar	1	--
celebrar	1	--
comprobar	1	--
concebir	2	concebir
confesar	4	confesar
conocer	1	--
conseguir	1	--
considerar	38	--
constatar	1	constatar
contar	8	--
--	--	contestar
crear	1	--
creer	474	--
decidir	2	decidir
declarar	2	--
decretar	1	--
dejar	7	--
('permitir')		
demostrar	4	demostrar
denunciar	4	--
descubrir	1	descubrir
desear	1	--

Verbos	Nº de ocurrencias	Verbos
destacar	1	--
detectar	3	--
determinar	2	--
discutir	1	discutir
--	--	encargar
encontrar ('descubrir')	16	--
entender	2	entender
escuchar	3	--
esperar	16	--
establecer	1	--
exigir	10	--
explicar	4	explicar
--	--	exponer
evitar	2	--
hacer	13	hacer
--	--	hablar ('decir')
--	--	hallar ('estimar')
imaginar(se)	14	--
impedir	3	impedir
implicar	1	--
indicar	2	indicar
inferir	1	--
intuir	1	--
jurar	1	jurar
juzgar	1	--
lamentar	1	--
--	--	leer
lograr	5	lograr
mandar	1	--
marcar	1	--
mencionar	1	--
mirar	1	--
--	--	mostrar
necesitar	3	--
notar	5	notar
observar	7	--
--	--	oír
olvidar	8	--
opinar	3	opinar
participar	2	--
pedir	19	--
percibir	2	--

Verbos	Nº de ocurrencias	Verbos
perdonar	2	perdonar
permitir	6	permitir
plantear	1	plantear
poner	1	--
predecir	1	--
preferir	3	preferir
preguntar	8	preguntar
--	--	pretender
publicar	2	--
presentir	1	--
--	--	probar
procurar	1	procurar
prometer	1	--
proponer	1	proponer
propugnar	1	--
querer	23	querer
ratificar	1	--
realizar	3	--
recomendar	2	recomendar
--	--	reconocer
recordar	43	recordar
relatar	1	--
repetir	1	--
resolver	1	--
responder	1	--
rogar	1	--
--	--	sentir
señalar	3	señalar
significar	3	significar
--	--	soportar
--	--	sospechar
sostener	1	--
subrayar	1	--
sugerir	4	sugerir
suponer	36	suponer
temer	2	temer
--	--	tener ('concluir', 'ver')
tolerar	1	--
traer	2	--
ver	69	--
vigilar	1	--

APENDICE B: Verbos + que o + de que

Caracas Verbos	+ que	+ de que	Santiago de Chile Verbos
		Nº de ocurrencias	
--	--	--	alegar
amenazar	--	1	--
--	--	--	aprovechar
comentar	4	1	--
comprender	10	1	comprender
--	--	--	considerar
--	--	--	contar
--	--	--	creer
decir	255	3	decir
--	--	--	declarar
--	--	--	dejar ('permitir')
--	--	--	encontrar ('descubrir', 'estimar')
--	--	--	esperar
--	--	--	establecer
--	--	--	estimar
hablar 'decir'	--	5	--
--	--	--	ignorar
--	--	--	imaginar(se)
leer	2	1	--
--	--	--	necesitar
--	--	--	negar
--	--	--	observar
oír	--	2	--
--	--	--	pedir
reconocer	2	1	--
--	--	--	repetir
saber	139	1	saber
sentir	10	1	--
--	--	--	sostener
--	--	--	ver

NOTAS

1. 'Queísmo y dequeísmo en el español de Chile', Estudios filológicos y lingüísticos. Homenaje a Angel Rosenblat en sus 70 años. Caracas: Edic. Instituto Pedagógico, 1974, págs. 413-444.

2. Es un proyecto del PILEI (Programa Interamericano de Lingüística y Enseñanza de Idiomas). Véanse al respecto: El simposio de Bloomington. Actas, informes y comunicaciones.

Bogotá: Instituto Caro y Cuervo, 1967, y especialmente el Cuestionario para el estudio coordinado de la norma lingüística culta de las
principales ciudades de Iberoamérica y de la Península Ibérica. I.
Fonética. Madrid: Consejo Superior de Investigaciones Científicas,
1971. En el prólogo de este Cuestionario se encuentran todos los
requisitos metodológicos establecidos para realizar la investigación.

3. Todavía no disponemos de grabaciones secretas que, en el
proyecto, deberían constituir un 10% del total.

4. Diferenciamos cada uno de los tipos con las abreviaturas
siguientes: diálogo dirigido = i, diálogo libre = d, charla y conferen-
cia = f.

En cambio, cada ejemplo consignado se indica con una numeración
más completa. Por ejemplo: 2H, 69 i significa que se trata de un
informante hombre del 2º grupo generacional, grabado en la cinta
Nº 69, en un diálogo dirigido.

5. En el artículo citado (ver Nota 1), pág. 415.

6. Para clasificar las construcciones de verbo + que y verbo + de
que he tomado en consideración sólo los casos en que la estructura es
del tipo V X (de) que, donde X es cero o bien una secuencia (adverbio)
preposición + sintagma nominal.

7. En el artículo señalado (véase nota Nº 1), pág. 427.

PAPIAMENTU'S WEST AFRICAN COUSINS

JOHN C. BIRMINGHAM, JR.

Virginia Commonwealth University

This writer, in his studies of Papiamentu, has based himself on
the premise that Papiamentu arose in Portuguese slave camps along
the west coast of Africa (particularly in the general area of the Gulf
of Guinea) in the fifteenth century and that it was originally a Portuguese-based lingua franca which developed out of a need for communication among Portuguese slave traders and African slaves on the one
hand, and among slaves of differing African tribes and languages on
the other. If this basic premise is accepted, we may now move on to
compare modern-day Papiamentu with a few other Afro-Portuguese
dialects. These, it will be found, have features in common with
Papiamentu and are still spoken along Africa's west coast.

Entwistle (1962:313) points out that creolized brands of Portuguese
continue to be spoken on the islands of São Tomé, Príncipe, and Ano
Bom in the Gulf of Guinea, on the Cabo Verde Islands (south of the
Senegal River), and at several places along the west coast of Africa.
With the hope of being as nearly representative as possible, I am con-
centrating on only three of these dialects, namely, Portuguese as it
is spoken on Ano Bom, [1] the Cabo Verde Islands, [2] and in the new
nation of Guinea-Bissau. [3] The latter is called Guiné by its speakers,
most of whom accept the dialect of the city of Bissau as the standard.
The information used in making this analysis of the above three dialects was drawn from the three texts referred to in notes 1, 2, and 3
herein; I shall not cite specific page numbers from these texts. The
authors do not indicate whether these dialects share Papiamentu's
feature of pitch, although there is some evidence of vowel lengthening,
as in the Guiné example below. Throughout this comparison I use the
authors' transcriptions for their examples and the International
Phonetic Alphabet (IPA) for the Papiamentu examples.

The first general observation to be made is that these three West African Portuguese dialects, like Papiamentu, do not recognize grammatical gender: nouns and adjectives do not agree. Guiné, for example, says i tɛnɛ kaasa bɔniitu 'he (she) has (a) pretty house'. (The doubled vowels represent vowel lengthening.) Papiamentu says [ɛ tiŋ uŋ kas bu'nita], in which the apparent agreement is merely accidental, inasmuch as [bu'nita] is invariable, as are most other Papiamentu adjectives: [som'brɛ bu'nita] 'pretty hat'. The foregoing example leads to a second general observation in regard to the three dialects, and that is that they, again like Papiamentu, show no personal inflection of verbs. [4] One of the forms of the Cabo Verde present tense, for instance, is êl tâ kãntâ 'he (she) sings, is singing', which is strikingly similar to Papiamentu's [ɛ ta ka:nta], with the same meaning. (In the

$$\underset{2 \quad 1}{}$$

Papiamentu transcription, the colon represents vowel lengthening; and the subscript numbers represent pitch, 2 for falling pitch and 1 for rising pitch.) In addition, one of the forms of Cabo Verde's imperfect is êl tába tâ kãntâ 'he (she) sang, was singing', whose similarity to Papiamentu's [ɛ 'tabata ka:nta] is immediately obvious.

$$\underset{2 \quad 1}{}$$

Indeed, the verbal systems of the three West African dialects have two striking features in common with Papiamentu's system: there are no personal inflections, and temporal relationships are most often shown by verbal particles or tense markers such as tâ and tába tâ above. A third feature shared by all four is the fact that they all usually base the infinitive form of the verb on the Portuguese infinitive (or sometimes the Spanish infinitive, in the case of Papiamentu) without the final -r. While none of the West African creoles seems to be tonal, it is interesting to note that Guiné, on the one hand, tends to place the stress on the next-to-last syllable of an infinitive, as in lánta 'to arise' (compare Papiamentu [la:mnta], [la:nta]), and that the dia-

$$\underset{2 \quad 1 \quad 2 \quad 1}{}$$

lect of Ano Bom, on the other hand, exhibits clear stress on the last syllable, as does the Cabo Verde dialect. The latter, incidentally, registers an infinitive form labãntâ 'to raise, arise', which derives from Portuguese levantar. It is certainly obvious that the form labãntâ, produced by assimilation (particularly metaphony), is undeniably closely related to the Guiné form lánta and the Papiamentu [la:mnta] and its variant [la:nta].

$$\underset{2 \quad 1 \qquad \qquad 2 \quad 1}{}$$

Perhaps more interesting than those infinitives which derive from the Hispanic infinitive minus -r, however, are those few which derive from the third person singular of the present indicative tense of the Portuguese verb. It is very nearly astonishing, in this writer's opinion, to note the presence of the same verb for 'to go' in all four

creoles: bay in Ano Bom, bái in Cabo Verde, bay in Guiné, and [baj]
in Papiamentu, all stemming from Portuguese vai 'he goes'. To take
just one example, the Guiné amí na bay 'I (emphatic) am going' com-
pares very favorably with the Papiamentu [a:mi ta baj], with the same

2 1

meaning. The only major difference is the tense markers employed
by the two creoles: Papiamentu's present-tense marker is [ta], while
the present-tense marker in Guiné is na. This na, according to the
author, gets across the idea of either a progressive with no time
reference (i na durmi 'he is, was, will be sleeping') or an imminent
future (i na biŋ ɛs də-tardi 'he is coming this afternoon'). The tense
marker ta exists also in Guiné, but the author indicates that it ex-
presses either a less precise future than does na or a habitual action:
i ta biŋ 'he will come'; 'he comes'. Even so, this Guiné ta conveys a
meaning certainly similar to the meaning carried by the Papiamentu
[ta]: [ɛ ta bi:ni] 'he (she) comes, is coming'.

2 1

Continuing with this comparison of verbs derived from the third
person singular of Portuguese verbs, it is easily seen that Papiamentu's [biŋ][5] 'to come' is echoed in the Guiné biŋ, in the Cabo Verde
bẽ, and perhaps in the Ano Bom bi, although this latter form more
likely comes directly from the Portuguese infinitive vir, rather than
from the third person vem, given the fact that the Ano Bom form exhibits no nasalization, at least in this transcription. The Guiné form
tɛnɛ, quoted in the third paragraph above, has a variant, tɛŋ, which
is undoubtedly related to the Papiamentu verb [tiŋ]. (The form
['tɛnɛ] also exists in Papiamentu, but it is an imperative.) In any
event, these latter two forms can be traced to the Portuguese third
person singular tem 'he has', while the Guiné tɛnɛ may represent an
obsolete Portuguese form, according to the author. Cabo Verde shows
tẽ and bẽ for 'to have' and 'to come', respectively. Finally, Ano Bom
offers po 'to be able', which, because of its stress pattern, must come
from the Portuguese third person pode 'he can, is able', with a dropping of the final syllable. The Papiamentu form [por] 'to be able'
probably results from rhotacism, or the change of [d] to [r], with a
dropping of only the final vowel. The Cabo Verde and Guiné forms of
the same verbs are not recorded in the respective texts.

One final point of interest concerning verbs in these four creolized
Portuguese dialects is that Guiné employs the verb papía (from Portuguese papear 'to chatter, babble') in the meaning of 'to speak'. 'To
say', however, is fala, from Portuguese falar 'to speak'. (A similar
semantic shift is seen in the Papiamentu [bi:sa] 'to say, tell', from

2 1

Portuguese avisar 'to warn, advise'). The verb papía appears in
Cabo Verde and carries the meaning of 'to speak, talk'. The

similarity to the Papiamentu [paːpja] 'to speak, talk' is entirely ob-
                                    2   1
vious from the standpoints of derivation, form, and meaning. The
name Papiamentu is highly significant in this regard. If the same or
a similar verb exists in Ano Bom, it is not attested in the cited study
of that dialect.

But Ano Bom definitely does have at least one point of grammar
that has an almost identical parallel in Papiamentu: Ano Bom plural-
izes nouns either by prefixing an adjective of quantity or by using its
plural morpheme <u>nan</u> (Papiamentu [nãŋ]) or one of two variants, <u>na</u>
and <u>nam</u>, depending on the phonetic environment. The only apparent
difference is a syntactic one; whereas Papiamentu uses [nãŋ] as a
suffix (['bukinãŋ] 'books'), Ano Bom uses its morpheme as a prefix:
<u>nan Santu</u> '(the) Saints'. This last translation implies that Ano Bom
has no definite article, as indeed it does not, according to what the
author states. Neither, as a matter of fact, do Cabo Verde and
Guiné. Papiamentu itself tends to avoid the definite article, although
it has one: ['karni ta friw] '(the) meat is cold'.

The pluralization of nouns in Cabo Verde and Guiné can apparently
be accomplished only be prefixing an adjective of quantity; there does
not seem to be a pluralizing morpheme such as Papiamentu's [nãŋ]
and Ano Bom's <u>nan-na-nam</u>. Guiné's <u>duus ɔɔmi</u> and Cabo Verde's
<u>dôz ome</u> both translate 'two men' and correspond exactly (grammati-
cally speaking) to Papiamentu's [dos 'hɔmber]. In all three cases, it
will be seen that the concept 'men' is etymologically singular; its idea
of plurality comes from the prefixed adjective of quantity.

In the general matter of morphology, as regards the three West
African Portuguese dialects under consideration, Cabo Verde is the
one which perhaps most closely resembles Papiamentu, for there are
many words (other than those already listed) which have almost exact
counterparts in Papiamentu. Because the same linguistic phenomena
(vowel closing, metathesis, intrusion of a nasal, voicing, assimilation, loss of prosthetic [ε], etc.) are operative in both Cabo Verde
and Papiamentu, the following words (and others, of course) are re-
markably alike:

Portuguese	Cabo Verde	Papiamentu	English
então	ãntô	[aːnto] 2 1	'then'
tambêm	tãmbê	[taːmbε] 2 1	'also, too'
assim	asîna[6]	[a'sina]	'thus, so'
boas noites	bô nôte	[bo'noči]	'good night'

Portuguese	Cabo Verde	Papiamentu	English
limpo	lĩmpĕ	['limpi]	'clean'
sofrer	sufrî	[suːfri] 2 1	'to suffer'
estimar	stimâ	[stiːma] 2 1	'to esteem' ('to love' in Papiamentu)
esperar	sperâ	[spɛːra] 2 1	'to hope, wait'
trazer	trezê	[trɛːsɛ] 2 1	'to bring'
estorvar	strobâ	[stroːba] 2 1	'to bother, be in the way'
dormir	drumî	[druːmi] 2 1	'to sleep'
América	Merka	['mɛrka]	'America'
amigo	amîgu	[a'migu]	'friend'
formiga	frumĩga[7]	[vru'miŋga]	'ant'
domingo	dĭa dmĩgu	[jadu'miŋgu]	'Sunday'
escuro	skûr, sukûru	[skur], [su'ku]	'dark'

Perhaps it goes without saying that the list could continue and that there are many other morphological and phonetic similarities among the four Portuguese-based creoles under present study. The fact that the four are indeed closely related is no doubt abundantly clear. But, in closing, one may wish to comment on one more Portuguese-based African speech form, a form which is as yet unidentified--and, indeed, perhaps even nonexistent, since the author himself may have invented it or synthesized it, on the basis of samples of slave language that he may have seen or heard. The speech form in question is that purportedly used by a Negro slave in one of Gil Vicente's plays, Fragoa d'Amor (ca. 1525). The play concerns a slave who wishes to become a white man through a treatment in the fragoa d'amor (forge of love). He emerges from the forge, and one notes in his characteristic speech the subject pronoun a mi, although apparently not emphatic as in the Papiamentu and Guiné examples cited. (The Ano Bom form amí is, however, emphatic.) We see further the lack of agreement between certain nouns and adjectives:

Sae o Negro da fragoa muito gentil homem branco; porém a
fala de negro não se lhe pode tirar na fragoa, e elle diz:
> Ja mão minha branco estai,
> e aqui perna branco he,
> mas a mi fala guiné:
> se a mi negro falai,
> a mi branco para que?[8]

The Papiamentu equivalent would naturally be somewhat different
from the foregoing passage, but one can nonetheless see striking
morphological similarities between the two speech forms: etymologically masculine adjectives (branco twice) modifying feminine nouns
(mão, perna), a mi as a subject pronoun, lack of agreement between
subject and verb (mão . . . estai, a mi . . . falai), etc. An approxi-
mate English translation would read as follows:

> Now my hand is white,
> And here I have a white leg,
> But I speak Guinea:
> If I speak black,
> Why should I be white?

This small sample of a Portuguese-based slave language, even
though it may be contrived, is interesting if for no other reason than
that it indicates the existence of a creolized Afro-Portuguese language
as early as 1525, and, indeed, probably earlier than that. I conclude,
then, that Papiamentu, in the form in which it is known today, is a
standardized version of a speech form of similar type and structure.

NOTES

1. Reverendo Padre Natalio Barrena. Gramática Annobonesa.
Madrid, Consejo Superior de Investigaciones Científicas, 1957.
2. Baltasar Lopes da Silva. O Dialecto Crioulo de Cabo Verde.
Lisbon, Imprensa Nacional, 1957.
3. W. A. A. Wilson. The Crioulo of Guiné. Johannesburg,
Witwatersrand University Press, 1962.
4. Although the three authors cited limit their examples of conju-
gation to the third person singular, they state that there are no
personal inflections in the dialects.
5. The Papiamentu variant [bi:ni] is probably of Spanish origin,

2 1

deriving directly from the infinitive venir. The form [biŋ] is used
primarily as an imperative and as the first element in a double-verb

construction: [ɛl a'biŋ bi'sami ɛ] 'he (she) came (and) told it to me'.

6. The symbol n̂ is palatalized n (IPA [ɲ]).

7. The symbol n̤ represents velarized n (IPA [ŋ]).

8. Gil Vicente, Fragoa d'Amor (Lisbon, Livraria Sá da Costa, Second Edition), p. 116.

REFERENCE

Entwistle, William J. 1962. The Spanish language, together with Portuguese, Catalan and Basque. London, Faber and Faber. Second edition.

TWO VARIABLE SYNTACTIC RULES IN SPANISH

MARK G. GOLDIN

University of Colorado

Most investigations of variable forms and variable rules in language
have dealt with phonology, or else with morphemes variably expressed
or deleted according to their phonetic, morphological, or social context.[1] Few studies have considered variation influenced by syntactic
or semantic context.[2] I propose to explore syntactic-semantic variation by examining some well-known data from the viewpoint of a
theory of variation whose premise is that it is part of a speaker's
competence to know not only when particular language forms must or
must not occur, but for some forms, when they are more or less
likely to occur.

A rule is said to apply categorically in a particular environment if
it always applies there; it applies variably when instances can be found
where in the identical environment a rule applies only part of the time.
'Environment' includes linguistic, stylistic, and social factors. The
difference between a variable and an optional rule, as descriptive
statements, is that the variable rule is accompanied by a statement
of when it is more or less likely to apply, while the optional rule just
means 'this sometimes happens'.

The first rule I explore is subject-verb agreement, or subject choice.
A general word about Spanish agreement is in order first. In sentences
containing a verb accompanied by two or more nouns which at the conceptual level are arguments of the verb, only one of the nouns determines the person-number ending on the verb. I will refer to this con-
troller noun as the subject, although there are other ways in which
'subject' can be defined. The subject choice rule describes how a
speaker knows which noun controls the verb ending.

Usually, subject choice is categorical, but there are a small number of environments where it is variable; that is to say, there is more than one possibility for agreement including no agreement at all. The best known variable environment includes impersonal se and an inanimate plural element. In that environment two general tendencies work against each other: the tendency for every sentence to have a subject and the tendency for the subject to correspond to the agent. The second tendency cannot be fulfilled in the usual way since the agent does not reach surface structure. The resulting conflict produces variability in the application of subject choice. Either the first tendency--the one for every sentence to have a subject--takes precedence and the expected direct object is chosen as subject (se arreglan zapatos), or the second tendency impedes the choice of any subject (se arregla zapatos). Otero has called the latter sentence type 'agrammatical', [3] probably because it is less preferred in journalistic or literary registers, but it seems to me that the issue is not one of grammaticality but of variability. Note, however, that I have not really given an account of subject choice with impersonal se as a variable rule, since I have not stated anything about the relative frequencies of the competing forms, nor about any additional factors, including style registers, that increase or decrease the probability of either variant.

I have chosen a different environment in which to explore subject choice as a variable rule. Sentences containing the verb ser between two nominal adjuncts are usually called predicate nominal constructions. In these sentences the tendency for the subject to correspond to the agent does not operate since they are not action situations. The tendency for subject choice to apply in every sentence does operate since all predicate nominal sentences have subjects. What varies is which of the two nominal adjuncts determines the verb agreement.

Obviously, when both adjuncts are of the same person and number, there is no mechanical way to know which adjunct controls agreement, and we will not consider any such sentences. The interesting cases are the ones in which the two adjuncts differ in person and number.

We are fortunate to have a source of predicate nominal sentences tabulated according to subject choice--indeed, I started my exploration with this problem because so much of the work had already been done. The source is Fält (1972), which I am pleased to acknowledge as source of all of the agreement examples (1)-(10). [4]

In examining Fält's examples, which are taken from newspapers and magazines, I find only three factors affecting the variability of subject choice in predicate nominal sentences. I refer to them as tendencies, a term I define as a factor that increases or decreases the probability of application of a given rule.

The tendency affecting most examples is:

T1. The verb tends to agree with the first element.

(1) . . . el resultado ha sido trece muertos y un herido.
(2) . . . los incidentes han sido el resultado de una actitud
más agresiva de las patrullas soviéticas.

In a smaller number of sentences where the verb agrees with the
second element, a second tendency is followed:

T2. If both elements are third person but only one is plural,
the verb tends to agree with the plural element.

(3) El primer plato son macarrones.
(4) Nuestra única obsesión son los problemas personales.

This tendency is similar to the observation that if one element is other
than third person, the verb categorically agrees with it.

(5a) La más guapa de todas eres tú. (*es)
(5b) Las más guapas de todas somos nosotras. (*son)

One finds examples where agreement conforms to both T1 and T2
(sentence (2)); to T2 only ((3) and (4)); to T1 only ((1) and (6)); as well
as to neither of the two tendencies ((7) through (10)). Agreement in
these latter cases is affected by a third tendency.

(6) El campo de operación de estos jóvenes era las calles del
centro de la ciudad.

T3. A surface plural that is conceptualized as a unit tends to operate as a singular. [5]

(7) Las piscinas ha sido el tema sobre el que ha versado el
francés M. Coart.
(8) Siete años es mucho tiempo.
(9) Las únicas señales de civilización era el tendido eléctrico.
(10) Barreras de alambre espinoso, tanquetas, jeeps armados
con ametralladoras y continuas patrullas de a pie, es
algo ya familiar para los habitantes de Belfast.

These three tendencies describe all of the sentences collected by
Fält, and they are listed in the order in which they seem to affect the
probability of subject choice operation in cases where neither of the

other two has affected it. Of course, T3 will affect many sentences where the subject is in first position (T1), or plural in second position (T2), or plural in first position (T1 and T2). The presence of two or all three of these factors increases still further the probability that a variable rule will operate in a certain way.

Notice that T1 and T2 are stated in fairly mechanical grammatical terms, while T3 is stated in mentalistic (conceptual or semantic) terms. Both kinds of factors appear to affect variability, in addition to phonetic, morphological, and social factors.

In an effort to observe the nature of syntactic, semantic, and other tendencies that affect variation, I consider another variable rule: the rule describing the occurrence of the marker a for certain direct objects. This rule is categorical in most environments, so I indicate a simple basic statement of the rule:

Meaningless a marks a direct object which is a person.

I assume the rule to be categorical in all environments except those specifically labeled as variable. This is in accord with traditional accounts of 'personal a' which make a general statement followed by a series of hedges (though I have not found in any one place as long a list of tendencies affecting variability as I am about to offer).[6] The variable environments are mostly cases where the structural description for the basic hypothesis is met, but the marker a appears less than all the time; there are also two cases where the basic structural description is not met, but the marker appears anyway.

Unlike the presentation of the tendencies affecting subject choice, the following tendencies are not listed in any assumed order of affect. They are grouped according to observations about their nature.

Examples (11)-(33) were suggested mainly by advanced textbooks. They were typically presented in exercises where the student is asked to make a categorical choice about the use of a. The authors evidently realized that these are variable, and included them in order to provoke discussion. I have confirmed with the aid of native speakers that the examples are variable, but I do not have information about the relative effect of each tendency on the probability of occurrence of personal a. In the presentation of examples, a blank within a sentence indicates variation between the marker a and no word at all, so that the statement of (11) represents the two acceptable sentences No podemos identificar un hombre que no existe and No podemos identificar a un hombre que no existe.

The list starts with two tendencies stated in conceptual terms.

T1. The less specific the person, the greater the tendency for the marker not to appear.

(11) No podemos identificar ___ un hombre que no existe.
(12) Voy a ver ___ un médico.

T2. Conceptualizing a person as a thing tends to exclude the
marker; conceptualizing a place, thing, or animal as a
person tends to produce the marker.

(13) Necesitan ustedes entregar ___ la muchacha, porque sus
enemigos son hombres de guerra.
(14) Dejó ___ su niño en la puerta, y huyó.
(15) Pasa por locura que dejes ___ tu niño en una casa
extraña.
(16) Perdimos ___ tres hombres y una metralladora.
(17) El rey de Marruecos quiere recobrar ___ Valencia.
(18) Las nubes han ocultado ___ la luna nueva.

Compare also (19) and (22).

T1 and T2 are conceptual observations. There is no way to predict
how a given individual might express similar ideas like (14) and (15),
but it is reasonable to imagine that in a group of speakers we might
find the marker a more often in (15) than in (14), since (14) is more
susceptible to interpretation as treatment of a human as a thing.

There are also three types of variation that depend on purely
grammatical factors.

T3. The presence of an indirect object, obligatorily marked by
a, tends to exclude the marker for the direct object.

(19) ¿Quieres que te preste ___ mi cocinera?
(20) Recomendó al gobernador ___ su hijo don José.
(21) Confió ___ sus alumnos a un colega.
(22) Dame ___ mi mujer porque mi tiempo es cumplido.

T4. The presence of another a, even if not for an indirect object,
tends to exclude the direct object marker, unless the other
a marks location.

(23) Este match opondrá ___ el viejo campeón al nuevo.
(24) Prefiero ___ la rubia a la morena.
(25) Envió a (*∅) sus hijos a las mejores escuelas.

T5. A preposed direct object tends to exclude the marker.

(26) ___ el primer guardia inglés lo vi al salir del barco.
(27) ___ aquella muchacha la quiero para mí.

T3 is probably the strongest of all the tendencies, with variation common only when the indirect object is pronominal as in (19) and (22); in examples like (20) and (21) the marker a is almost categorically absent.

So far, in the cases of both agreement and personal a we have seen variation affected by syntactic and semantic factors. T6 exemplifies variation affected by a specific lexical item.

T6. The verb tener tends to exclude the marker.

   (28) No tengo (*a) padres, pero sí tengo ___ mi hermana que
        me educa.
   (29) Teniendo ___ tu marido bastante médico tienes.

Certainly T6 is not correctly stated; the statement does not describe the categorical absence of a in the first clause of (28), nor the observation that a is more likely to occur in (29) than in the second clause of (28). Variation depends not simply on the presence of tener, but on the combination of tener with other conceptual factors. Nevertheless, T6 is important as an example of a particular lexical item affecting variability.

Finally, there are two tendencies whose statement includes both semantic and grammatical information.

T7. If both subject and direct object are inanimate, the marker
    tends to appear even though the direct object is not a person.

   (30) La esperanza sostiene ___ la volunted.
   (31) El bullicio siguió ___ el silencio.

Compare also (18).

T8. When direct objects are conjoined and only one is a person,
    the marker tends to be excluded.

   (32) Encontramos a (*∅) los guardias en pie ante las puertas.
   (33) Encontramos el calabozo cerrado y ___ los guardias en
        pie ante las puertas.

Compare also (16).

I have no reason to believe that this list of eight tendencies is exhaustive. Even limiting the search to linguistic rather than social information, there may well be other factors that affect the probabilities of occurrence of personal a. The primary value of this account is to demonstrate the nature of variable constraints on syntactic rules: variability depends on syntactic, semantic, and lexical factors as well as combinations of these.[7]

Several issues are raised by this discussion. One is methodological: Studies of variability based on easily countable phonetic or morphological data have tried to calculate the probability of application of variable rules, stated as a number between 0 and 1.[8] These calculations are based on hundreds of examples divided according to various features of their environments. In the case of syntactic variation, the opportunities to collect large numbers of cases in particular environments, spontaneously produced and unobtrusively observed, is sharply limited. To ask speakers for their conscious judgments about particular examples is probably unreliable and provides no basis for comparison with existing studies of nonsyntactic variation. I have therefore made no attempt to state quantitatively the probabilities for syntactic variation. Is that worth doing (cf. Bickerton 1971:460–62), and if so, what kinds of tests can be devised for eliciting countable syntactic data?

More resolvable issues are theoretical in nature. As variation studies increase, information is becoming available on the kinds of syntactic rules that are likely to be variable. Apparently, rules which insert meaningless or redundant morphemes into the structure of sentences lend themselves to variable application. Compare the two rules investigated here and Cedergren's studies of the complementizer que in French and in Spanish (see note 1). By 'meaningless elements' we should probably understand elements whose meaning, if any, arises from the speaker rather than from the situation narrated; compare T3 for subject choice, T2 for personal a, and the findings of Terrell and Garcia (1975).

A final question, both methodological and theoretical, is related to the claim that speakers know about variability as part of their competence. All those who work on syntax and use informants have encountered reactions like 'Someone might say that, but I wouldn't', and we have been at a loss to assign a status to examples rated in that way. Within a theory of variation we are able to interpret such a comment as 'We are looking at a structure affected by conditions on variability, and the example you suggested has a low probability'. We can then search for the factors affecting the particular probabilities involved.

Variability is to be found in language at all levels, and we clearly cannot achieve an adequate description without including it.

NOTES

1. Important studies of variation are Labov (1969), Cedergren and Sankoff (1974), and several papers in Bailey and Shuy (1973); on

Spanish, Ma and Herasimchuk (1971), Cedergren (1973), Terrell (1975).

2. One exception is Terrell and Garcia (1975).

3. See 'Agrammaticality in performance' (Otero 1973).

4. The examples are from Fält's section 'Oraciones sin elemento neutro', pp. 161-78.

5. In a fuller account of variability in Spanish it would be necessary to include the converse of T3, that a surface singular conceptualized as more than one element tends to operate as a plural; e. g. El pueblo quiere (*quieren) guerra, porque no va/van a permitir el comunismo. T3 as stated applies only in predicate nominal constructions, but a more general tendency also operates elsewhere, for example, when a subject is anaphorically omitted.

6. Bello (1847:sections 889-900); Gili y Gaya (1961:68-70).

7. A striking similarity can be noted in the nature of these conditions on variability and the nature of factors which Edward Keenan, in unpublished work at UCLA, has compiled in searching for a universal definition of the notion 'subject'. Keenan has a list of semantic, grammatical, and mixed properties, and suggests that in a given sentence of a given language, the NP which has the greatest number of these properties is the subject (no NP can be expected to have all or even most of the properties).

8. See the studies cited in note 1.

REFERENCES

Bailey, Charles-James N. and Roger W. Shuy, eds. 1973. New ways of analyzing variation in English. Washington, Georgetown University Press.

Bello, Andrés. 1847. Gramática de la lengua castellana. Seventh edition, Buenos Aires, Editorial Sopena, 1964.

Bickerton, Derek. 1971. Inherent variability and variable rules. Foundations of Language 7.457-92.

Cedergren, Henrietta J. 1973. On the nature of variable constraints. In: Bailey and Shuy 1973, 13-22.

Cedergren, Henrietta J. and David Sankoff. 1974. Variable rules: Performance as a statistical reflection of competence. Lg. 50.333-55.

Fält, Gunnar. 1972. Tres problemas de concordancia verbal en el español moderno. Studia Romanica Upsaliensia, 9. Uppsala, Almqvist and Wiksell.

Gili y Gaya, Samuel. 1961. Curso superior de sintaxis española. Eighth edition, Barcelona, Editorial Spes.

Labov, William. 1969. Contraction, deletion, and inherent variability of the English copula. Lg. 45.715-62.

Ma, Roxana and Eleanor Herasimchuk. 1971. The linguistic dimensions of a bilingual neighborhood. In: Bilingualism in the barrio.
   Edited by Joshua A. Fishman et al. Bloomington, Indiana Uni-
   versity. 347–464.
Otero, Carlos. 1973. Agrammaticality in performance. Linguistic
   Inquiry 4.551–62.
Terrell, Tracy D. 1975. Functional constraints on deletion of word
   final /s/ in Cuban Spanish. Berkeley Linguistics Society, Proceed-
   ings 1.431–37.
Terrell, Tracy D. and Maryellen Garcia. 1975. Is the use of mood
   in Spanish subject to variable constraints? Fifth Linguistic
   Symposium on Romance Languages, University of Michigan.

THE INDIRECT QUESTION AND ITS VARIANTS IN SPANISH

DONALD J. GRECO

University of Florida

This paper deals with the discussion of sentences (1)-(3), often called indirect questions, and addresses itself to the problem of how they can be accounted for in a descriptively adequate grammar of Spanish.

(1) No sé el blanco a que tiras.
(2) No sé al blanco que tiras.
(3) No sé a qué blanco tiras.

More precisely, the central issue is whether or not (1)-(3) can be considered relative clauses in any formal sense, using appropriate criteria of generative grammar. Two sources, the Real Academia Española and a transformational analysis by William Cressey, have claimed that these sentences are, in fact, relative clauses. However, if we are to accept their insights, the following questions must be answered satisfactorily. First, why do native speakers accept (1), yet reject (4)?

(4) *No sé el blanco al cual tiras.

As is known, cual is always an optional WH realization of relative clauses containing prepositional phrases. Second, given the assumption that (2) is a relative clause, what motivated rule can explain how the preposition a of (2) and (3) is standing in the matrix sentence when in deep structure it is part of the embedded proposition tirar a? Third, what descriptively adequate grammar can claim (1)-(3) to be relative clauses, thereby ignoring their obvious relationship to (5)?

(5) A qué blanco tiras?

This paper obviates the need to respond to the above questions by claiming that (1)-(3) are actually only pseudo-relatives; in other words, sentences whose surface representation contains WH forms similar to true relatives, but whose deep structure configuration cannot be empirically justified as such. It is therefore asserted that (1)-(3) have a much different structural configuration and that a formal distinction between pseudo-relative WH forms and those of true relatives can be made. The basis of this distinction will concern the status of the feature WH in reference to the deep structure of the pseudo-relatives. In these cases it is shown that WH is not attached transformationally as it is in true relatives but rather is present in deep structure, similar to the WH of interrogatives. It is also shown how this reanalysis engenders greater simplicity for the grammar of Spanish. First, however, a brief review of previous analyses is given.

It is well known that the insights of traditional grammar are necessarily constrained by their recognition of only one level of representation. A case in point is the Real Academia Española's account of sentences such as (2) which have structural analogs in (6).

(6a) No sé a la hora que llega.
(6b) No sé con la plata que cuenta.
(6c) No sé de lo que eres capaz.

Noting that these sentences show WH forms which usually indicate relative clause embedding, but also that the prepositions are somewhat unexpectedly standing before their antecedents, the Academia reports the following:

Si el relativo que es complemento circunstancial con preposición, puede ésta pasar al antecedente, y en vez de decir: sé el blanco a que tiras, escribir como Cervantes, Quijote, II, 17: sé al blanco que tiras. (Parte II, Capítulo XIII, p. 313)

However, invoking intuitions it states:

En las construcciones anteriores, el antecedente y la oración relativa forman un todo lógico que el entendimiento concibe como sujeto u objeto directo del verbo de la oración principal. (Parte II, Capítulo XXIII, p. 343)

In other words, the Academia wonders whether it is really the case that an antecedent attracts a preposition from an embedded sentence or whether the preposition is logically placed since it is found in a sentential object. Within the framework of traditional grammar, the latter would be difficult to uphold since, as in (2), the occurrence of que would have to be explained in terms of embedding.

In sum, the Real Academia is hard pressed to reconcile the seemingly contradictory phenomena of the position of the preposition and the occurrence of que.

William Cressey (1966, 1970), in a transformational analysis, adopts the Real Academia's notion of a head noun attracting a preposition. He formulates his analysis by claiming (1) to be basic and (2)-(3) as derived. In this way, he characterizes el blanco of (1) as a head noun in deep structure, thereby postulating a rule PREPOSITION MOVEMENT, to account for the position of a in (2)-(3) before its NP's. This is illustrated in (7).

(7)

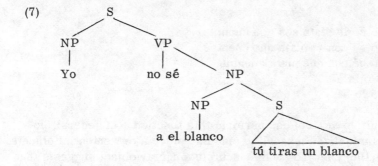

This analysis will be criticized on several grounds. First, in terms of rule adequacy PREPOSITION MOVEMENT would add a degree of complexity to the grammar. In Spanish, where pied-piping of prepositions with their NP's during WH-FRONTING is an obligatory condition, one must reconcile the fact that prepositions are bound to their NP's at all times, except when raised to higher sentences by PREPOSITION MOVEMENT. Second, and more important, claiming that the position of a in (2)-(3) is explained by PREPOSITION MOVEMENT would be missing the important generalization that the same phenomenon is occurring in the interrogative (5). Clearly, a descriptively adequate grammar would want to account uniformly for this phenomenon. If PREPOSITION MOVEMENT is feasible for (2)-(3), it should be equally as feasible for (5). However, PREPOSITION MOVEMENT is a rule which applies from embedded to matrix S and could not therefore be applicable to (5), which is a simplex S.

My most important criticism of Cressey's analysis, however, deals with representation (7). Essential to relatives is that there be two well-formed sentences in deep structure. Close inspection reveals that Cressey's matrix sentence is the ungrammatical (8).

(8) *No sé el blanco.

Cooccurrence restrictions on <u>saber</u> and <u>blanco</u> prohibit (8) from occurring independently. It could not, therefore, occur as an embedding. Note that if representation (7) were acceptable, there would be no basis for explaining the ungrammaticality of (9), which is (7) conversely embedded.

(9) *Tú tiras al blanco que sé.

Stronger evidence is that (1)-(3) have a very different underlying structure. Observe sentences (10a)-(10c), which are analogs of (1)-(3), and (10d)-(10e) which show what the appropriate pronominal form must be.

(10a) No sé la plata con que cuentas.
(10b) No sé con la plata que cuentas.
(10c) No sé con qué plata cuentas.
(10d) *No la sé.
(10e) No lo sé.

As seen, only <u>lo</u> of (10e) can perform this function. In general, <u>lo</u> either pronominalizes masculine singular objects or sentential objects. That (10a)-(10c) show no such masculine singular object suggests that (1)-(3) have the structural configuration shown in (11).

(11)

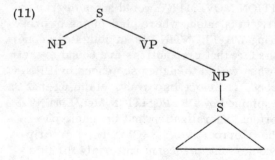

Note that only by virtue of (11) could the cooccurrence violation of <u>saber</u> and <u>blanco</u> of (1) be avoided, since each would be found in a different S.

With respect to (2)-(3), the position of <u>a</u> can and should be accounted for in a fashion identical to the way it is accounted for in (5), namely, by means of WH-FRONTING, which pied-pipes prepositions

along with their NP's. Given configuration (11), this rule could also
apply to (2)-(3), thereby accounting simply and descriptively for the
position of the preposition. All that would be necessary would be to
recognize the definite article el of (2) from the contracted al, as a
surface realization of the feature WH. Motivating this claim is the
fact that near synonymity exists between (2) and (3), where the latter
contains the obvious WH form qué. Postponing for a moment a de-
tailed discussion, (2) can be derived as shown in (12).

(12)

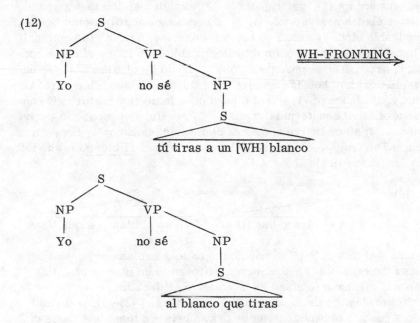

However, contrary to Cressey's claim, (2) and (3) are not identical
in meaning since native speakers attribute a sense of definiteness to
(2) which they do not attribute to (3). I accept these intuitions since
they are parallcled by a distinction in form. To illustrate, observe
the complementary distribution in (13).

(13a) Al blanco que tiras es a aquél.
(13b) *A qué blanco tiras es a aquél.

That such complementarity exists indicates that a formal distinction
should be made between them.

Since WH forms are derived from the determiner node in deep
structure, the WH forms in (2) and (3) may be distinguished by having
(2)'s feature matrix read +DEF while (3)'s will read -DEF. Spell-out
rules will then give el for (2) and qué for (3).

Remaining to be explained is the occurrence of que in (2). However, since empirical evidence has shown that a relative clause configuration does not underlie (2), it would be impossible to claim that
que was the reflex of a deep structure NP. For this reason I feel it
justifiable to claim that que is inserted in these instances since it
plays no part in deep structure. The conditions for the insertion could
be predictable based on the unique feature matrix of (2)'s WH form el.

In reference to sentence (1), it was shown at the outset that native
speakers accept (1), yet reject (4). It was also stated that given a
relative clause analysis of (1), (4)'s ungrammaticality would be un-
explainable since it would be the only instance in which the optional
WH realization cual would not be acceptable in relative clauses containing prepositional phrases. Now it should be clear why (4) is ungrammatical and how it supports the evidence adduced thus far. Obviously, if blanco of (1) is not a head noun in deep structure, it cannot
have a relative counterpart in cual. I, therefore, propose to derive
(1) from (2) since native speakers claim total synonymity between
them. This rule would require the movement of el blanco to the left
of a, as shown in (14).

(14)

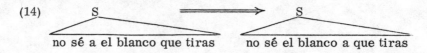

no sé a el blanco que tiras   no sé el blanco a que tiras

I admit that this rule is ad hoc and even less explanatory. However,
unless the evidence adduced here is proven to be inaccurate, this
proposal will have to stand as a tentative explanation.

Concerning the derivation of the WH forms of (1)-(3), a formal
deep structure distinction can be drawn between them and those of
true relatives. In this regard, generative theory characterizes true
relative WH forms as derived segments in that WH is not a feature of
the target NP in deep structure. This claim is motivated by the fact
that given the proper embedding and coreferentiality of relative
clauses, the presence of WH can always be predicted. This is different from the case of interrogatives in which the feature WH is not
predictable based on any condition and is hence present in deep structure. Given these distinctions, the WH forms of pseudo-relatives will
be distinguished from those of true relatives in that the former will
have WH as a deep structure feature since, given their structural
configuration, there would be no way to predict WH-ATTACHMENT.
These pseudo-relatives would hence form a natural class with interrogatives, explicitly distinct from relatives.

In recapitulation, the following points have been made. First, contrary to the claims of previous works, linguistic theory cannot
attribute to sentences (1)-(3) any structural similarity to true relative

clauses, since formal criteria fail to indicate the necessary embedding and coreferentiality. Therefore, due to their surface representation, they have been appropriately termed 'pseudo-relatives'. Second, the phrase structure rules of Spanish can themselves account for the position of the prepositions in (2)-(3) and (6) without recurring to transformations which move constituents out of sentences, i. e. PREPOSITION MOVEMENT. This important generalization was gained through motivating configuration (11), which in turn engendered the possibility of accounting uniformly for (1)-(3) and (5). This was made possible by recognizing that the definite article el of (2) could be the surface realization of WH, thereby triggering WH-FRONTING.

In reference to sentence (1), it was argued that it was only a surface variant of (2), derivable by rule. Although an account less ad hoc than that of (14) would be more desirable, it was concluded that the existing evidence could support no other formulation.

Finally, it was seen that the pseudo-relatives form a natural class with interrogatives, in that they alone have WH as a deep feature.

REFERENCES

Cressey, William W. 1966. A transformational analysis of relative clauses in urban Mexican Spanish. Doctoral dissertation. Urbana, University of Illinois.

Cressey, William W. 1968. Relative adverbs in Spanish. Lg. 44. 487-500.

Cressey, William W. 1970. Relatives and interrogatives in Spanish. Linguistics 58. 5-17.

Gramática de la lengua castellana. 1920. Edición reformada. Madrid, Real Academia Española.

PHONEMIC RESTRUCTURING
OF VOICED OBSTRUENTS
IN MIAMI-CUBAN SPANISH

ROBERT M. HAMMOND

Universidad Interamericana de Puerto Rico
Recinto de San Germán

1. Introduction. In all standard manuals of Spanish pronunciation,
it has long been recognized that both [+continuant] and [−continuant]
surface variants occur for the voiced obstruents /bdg/. The [−con-
tinuant] surface variants are described as occurring after pauses,
after nasals, and after /l/ in the case of /d/; the [+continuant] surface
variants are said to occur in all other phonological environments.
Examples of the distribution of the surface variants of systematic
/bdg/ are shown in (1).

(1) systematic voiced obstruents of Spanish: /bdg/
    [−continuant] surface variants: [bdg]
    [+continuant] surface variants: [b̵d̵g̵]

lexical item:	Standard Spanish:
(a) bobo 'fool'	[bób̵o]
(b) el bobo 'the fool'	[elb̵ób̵o]
(c) un bobo 'a fool'	[umbób̵o]
(d) dedo 'finger'	[déd̵o]
(e) el dedo 'the finger'	[eldéd̵o]
(f) un dedo 'a finger'	[undéd̵o]
(g) gago 'stutterer'	[gág̵o]
(h) el gago 'the stutterer'	[elg̵ág̵o]
(i) un gago 'a stutterer'	[uŋgág̵o]
(j) abogado 'lawyer'	[ab̵og̵ád̵o]

42

Within generative phonology, it has heretofore been assumed, since Harris (1969), that the phonological grammar of Spanish contains a rule of spirantization, shown in (2), which converts [-continuant] /bdg/ to the [+continuant] surface variants [β d̞ ǵ] in all environments in which a [+continuant] segment immediately precedes, i. e. in all phonological environments except after a pause, after a nasal, and after /l/ in the case of /d/.

$$(2) \quad \begin{bmatrix} +obs \\ +voice \end{bmatrix} \longrightarrow [+cont]/ \left\{ \begin{matrix} [+cont] \\ \prec [-\alpha cor] \succ \end{matrix} \right\} \quad (\#) \; \prec [\prec \alpha cor \succ]$$

In formulating such a rule of spirantization, Harris states: 'Let us assume, perhaps incorrectly, that the directionality of the alternations [b-β], [d-d̞], [g-ǵ] is from stop to continuant' (Harris 1969:38). Harris goes on to formulate such a rule of spirantization without any further motivation for the above assumption.

Explicit in such an assumption, however, is that the systematic phonemic representations of the voiced obstruents of Spanish are [-continuant] /bdg/, rather than [+continuant] /βd̞ǵ/.

It has been observed, however, that in several Spanish dialects, including Miami-Cuban Spanish (henceforth MCS), the [+continuant] surface variants of systematic /bdg/ occur in all phonological environments in rapid speech, and are not excluded after pauses, after nasals, and after /l/ in the case of /d/. The lexical items from Standard Spanish, previously shown in (1), are shown in (3) as they occur phonetically in MCS rapid speech.

(3) Miami-Cuban Spanish rapid speech
- (a) bobo   [βóβo] ~ [bóβo]
- (b) el bobo   [elβóβo]
- (c) un bobo   [uⁿ͜m βóβo] ~ [uⁿ͜m bóβo]
- (d) dedo   [d̞éd̞o] ~ [déd̞o]
- (e) el dedo   [eld̞éd̞o] ~ [eld̞éd̞o]
- (f) un dedo   [uⁿd̞éd̞o] ~ [uⁿdéd̞o]
- (g) gago   [ǵáǵo] ~ [gáǵo]
- (h) el gago   [elǵáǵo]
- (i) un gago   [uⁿgáǵo] ~ [uⁿgáǵo]
- (j) abogado   [aβoǵád̞o]

While the [+continuant] surface variants of systematic /bdg/ may occur in all phonological environments in MCS rapid speech, i. e. the occurrences of [+continuant] [βd̞ǵ] have spread to a more general environment, the converse is not true. That is, the [-continuant] surface variants are not observed in MCS rapid speech in any environment in which a preceding segment is [+continuant].

It is apparent, therefore, that we are observing a phonological change in MCS involving voiced obstruents, and that this change is clearly in the direction of continuancy, i. e. the phonological environments in which the [+continuant] surface variants of systematic /bdg/ occur are increasing or becoming more generalized.

With these data in mind, the question arises as to the correctness of positing the systematic phonemes for the voiced obstruents in the synchronic grammar of MCS as [-continuant], rather than [+continuant] /b̸d̸g̸/. Closely related to this question is what independent motivation there is for claiming that the phonological component of MCS should contain a rule of spirantization (shown in (2)), rather than one of despirantization, optionally converting [+continuant] systematic /b̸d̸g̸/ to [-continuant] [bdg] in specified environments.

2. Arguments in favor of [-continuant] systematic phonemes for voiced obstruents in the synchronic grammar of MCS

2. 1. Symmetry of the underlying system of obstruents in MCS. Shown in (4) is the system of underlying obstruents for MCS containing [-continuant] voiced obstruents.

(4) Systematic obstruent phonemes: (with [-continuant] voiced obstruents)

[-voice]	[+voice]
/p/	/b/
/t/	/d/
/k/	/g/

/f/
/s/
/h/
/č/

This same system containing voiced obstruents which are [+continuant] is shown in (5).

The system of underlying obstruents shown in (4) is, in some ways, more symmetrical than the system shown in (5). Another argument in favor of the underlying system shown in (4) is that the six phonemes in question differ by only one feature, [voice], while in the system shown in (5), they differ by two features, [voice] and [continuancy]. Therefore, the symmetry of the system of underlying phonemes for obstruents serves to motivate the [-continuant] status of /bdg/ for MCS. Although such an argument by itself is not extremely compelling, it does provide some motivation for the [-continuant] status of systematic /bdg/ in this dialect.

(5) Systematic obstruent phonemes: (with [+continuant] voiced obstruents)

[-continuant]		[+continuant]	
[-voice]	[+voice]	[-voice]	[+voice]
/p/			/b̸/
/t/			/d̸/
/k/			/g̸/
/č/			
		/f/	
		/s/	
		/h/	

2.2 Markedness of underlying voiced obstruents in MCS. According to the theory of markedness as outlined by Chomsky and Halle (1968), UIC XXIV, the unmarked specification for continuancy in consonants is [-continuant], unless this segment is followed by any other [+consonantal] segment, and is preceded by a morpheme boundary. In this environment, its unmarked value is [+continuant]. UIC XXIV is shown in (6).

(6) UIC XXIV:

$$[\text{u cont}] \rightarrow \begin{cases} [\text{+cont}] \ / \ + \underline{\quad} \ [\text{+cons}] & \text{(a)} \\ [\text{-cont}] & \text{(b)} \end{cases}$$

If UIC XXIV is correct, and there are many reasons to suspect that it is not, at least for Spanish and English, then a system of underlying voiced obstruents in MCS being [-continuant] would be less marked than one containing [+continuant] voiced obstruents. Therefore, the SPE theory of markedness would provide further motivation for voiced obstruents being [-continuant] in underlying forms. Just how compelling this argument is, however, depends on the correctness of UIC XXIV.

For English, part (a) of UIC XXIV deals specifically with such lexical items as 'spin', 'stop', 'skin', 'floor', 'from', etc., suggesting the fact that clusters such as /sp/, /st/, /sk/, /fl/, and /fr/ are less highly marked than clusters in which /ptklr/ are preceded by a [-continuant] consonant. Some such clusters would, of course, violate surface structure constraints on initial syllables in English. Unfortunately, part (a) of UIC XXIV makes several improper claims about English phonology. In English, the morpheme-initial clusters /pl/, /pr/, /bl/, /br/, /tr/, /dr/, /gl/, and /gr/ are very frequent. On the other hand, the sequence /sr/ does not occur word-initially in Standard English. Because of the high frequency of occurrence of clusters such as those just mentioned, it would appear, at least for English, that part (a) of UIC XXIV is simply incorrectly stated.

When considering the possible morpheme-initial clusters of Spanish, part (a) of UIC XXIV must again be regarded with skepticism. While it accurately reflects the fact that [+continuant] obstruents are less highly marked than [-continuant] obstruents in the environment of /+___ [+consonantal], it does so for the wrong reasons.

The sequences /pl/, /pr/, /tr/, /kl/, /kr/, /bl/, /br/, /dr/, /gl/, /gr/, /fl/, and /fr/ frequently occur morpheme-initially in Spanish. However, whether the segments /ptkbdgf/ appear as [+continuant] has nothing to do with their being preceded by a morpheme boundary and followed by a [+consonantal] segment, as stated in the part (a) environment of UIC XXIV. The segments /ptk/ are always [-continuant] in Spanish; /f/ is always [+continuant]; /bdg/ appear phonetically as [+continuant] depending on their phonological environment; however, neither is sensitive to the environment shown in part (a) of UIC XXIV, but rather to a preceding [+continuant] segment. Examples of the above word-initial sequences are shown in (7):

(7)	lexical item:	underlying form:	Standard Spanish:
(a)	plaga	/+plaga/	[plága]
(b)	la plaga	/la+plaga/	[laplága]
(c)	con plaga	/kon+plaga/	[komplága]
(d)	blanco	/+blanko/	[blán̠ko]
(e)	el blanco	/el+blanko/	[elβlán̠ko]
(f)	un blanco	/un+blanko/	[umblán̠ko]
(g)	flama	/+flama/	[fláma]
(h)	la flama	/la+flama/	[lafláma]
(i)	con flama	/kon+flama/	[koɱfláma]

While part (a) of UIC XXIV captures the significant fact of Spanish phonology that sequences such as those shown in (8) do not occur, it fails in many other respects.

(8) $\begin{Bmatrix} t, d \\ k, g \\ f, h \end{Bmatrix} \begin{Bmatrix} [+\text{obstruent}] \\ [+\text{nasal}] \end{Bmatrix}$

Environment (a) of UIC XXIV fails to capture an important aspect of Spanish phonology by claiming that sequences such as /pl/, /pr/, /tr/, /kl/, /kr/, are unnatural in Spanish when they follow a morpheme boundary, and that /bl/, /br/, /dr/, /gl/, and /gr/, when they occur as [+continuant], are more natural, and do so because they occur following a morpheme boundary and followed by a [+consonantal] segment. As was the case with English, it appears that the environments shown in UIC XXIV are once again incorrectly stated.

As was the case with the symmetry argument, an argument in favor of the systematic representations of the voiced obstruents of MCS as being [-continuant], based on the theory of markedness, is somewhat less than compelling, especially since it is apparent that UIC XXIV is incorrectly stated, at least for English and Spanish.

Any other arguments for claiming that the systematic phonemic representations for the voiced obstruents of MCS should be [-continuant] are not immediately obvious.

3. Arguments in favor of [+continuant] systematic phonemes for voiced obstruents in the synchronic grammar of MCS

3.1. Comparing the surface forms of MCS, shown in (3), with those of Standard Spanish, shown in (1), it is obvious that the phonological change in process in MCS is clearly in the direction of continuancy. The directionality of this change suggests a restructuring of the synchronic underlying forms for these voiced obstruents, at least in MCS.

3.2. In terms of language change, it seems reasonable to assume that rule loss in specific environments is less marked than rule spread to new environments. Since the phonological change involving voiced obstruents in MCS rapid speech currently taking place is clearly in the direction of continuancy, a phonological description of this phenomenon describing it as rule loss, i. e. the loss of the rule of spirantization, would be less marked, therefore more highly valued, than a description requiring the spread of the rule of spirantization to environments after a pause, after a nasal, and after /l/ in the case of /d/.

If the systematic phonemic representations of the voiced obstruents of MCS are posited as [+continuant], then the phonological change in process would be described as a rule loss; with the underlying forms being [-continuant] /bdg/ in MCS, however, the phonological change taking place must be described as rule spread--a more highly marked process.

In terms of naturalness of rule change, the less marked description of rule loss, rather than rule spread, would motivate the restructuring of the [-continuant] voiced obstruents /bdg/ of Standard Spanish to [+continuant] /b̶d̶g̶/ in MCS.

3.3. The final and most compelling argument in favor of restructuring the systematic phonemic representations of the voiced obstruents of MCS as [+continuant] rather than maintaining them as [-continuant] is based on frequency of occurrence and rule economy.

In MCS rapid speech, the [+continuant] surface variants of the voiced obstruents occur much more frequently than the [-continuant] phonetic forms. In terms of rule economy, therefore, it seems more logical that the systematic phonemes should be /b̸d̸g̸/, requiring no phonological rule to account for the more frequent [+continuant] surface variants, rather than the converse, requiring the phonological grammar to contain a rule converting the majority of instances of [-continuant] underlying /bdg/ to the [+continuant] surface variants. Not only will rule economy result if the underlying forms for the voiced obstruents are posited as [+continuant], but a less abstract underlying representation will also be achieved.

4. The naturalness argument: A rule of spirantization vs. a rule of despirantization. In a system of underlying forms for voiced obstruents in MCS which contains [-continuant] /bdg/, the phonological component of the grammar must contain a rule of spirantization, as previously shown in (2).

If, on the other hand, the underlying system of voiced obstruents contained [+continuant] /b̸d̸g̸/, a rule of despirantization would be required, optionally converting [+continuant] /b̸d̸g̸/ to [-continuant] [bdg] when they are not preceded by a [+continuant] segment. The required rule of despirantization is shown in (9).

$$(9) \quad \begin{bmatrix} +obs \\ +voice \end{bmatrix} \longrightarrow [-cont] / \left\{ \begin{matrix} [-cont] \\ <[-\alpha cor]> \end{matrix} \right\} \quad (\#) \; [\overline{<\alpha\,cor>}\,]$$

In comparing the rules of spirantization and despirantization, it is clear that the rule of spirantization is more natural, hence a more highly valued rule.

The rule of spirantization is a highly natural rule of assimilation, with only two environments; the rule of despirantization, however, although still a rule of assimilation, must contain three environments. There seems to be no other way of describing the environments of despirantization in only two statements, unless one wishes to argue that a [-segment] is automatically minus all distinctive phonological features. The inescapable conclusion, therefore, must be that a rule of spirantization is more natural, and therefore, more highly valued than a rule of despirantization.

5. Summary and conclusions. Two less than compelling arguments have been offered in favor of maintaining the [-continuant] status of the voiced obstruents of Standard Spanish in MCS, based on the symmetry

of the underlying system of obstruents, and on the notion of markedness as outlined in Chomsky and Halle (1968).

Three arguments have been offered in favor of the restructuring
of the [-continuant] voiced obstruents of Standard Spanish to [+con-
tinuant] in MCS, based on: (1) the directionality of the phonological
change taking place currently in MCS; (2) the notion that rule loss is
less highly marked than rule spread; and (3) frequency of occurrence,
rule economy, and relative abstractness of underlying forms.

It has also been shown that a phonological rule of spirantization
is more natural than one of despirantization.

While the set of arguments for or against the maintaining of the
[-continuant] status of the voiced obstruents of Standard Spanish in
the synchronic grammar of MCS does not conclusively motivate either
approach, it seems apparent that the arguments in favor of phonemic
restructuring do not, at the present time, seem to be strong enough
to motivate conclusively such a restructuring of underlying voiced
obstruents in MCS.

In light of the fact that there appears to be no compelling evidence
in favor of the maintaining of the [-continuant] status of the systematic
phonemic representation of the voiced obstruents of MCS, or for a
phonemic restructuring of these segments as [+continuant], one further
argument must be considered. Such a phonemic restructuring would
cause the phonological grammar of MCS to have a different inventory
of underlying segments than other dialects of Spanish. To motivate
such a complication of the grammar of Spanish would require stronger
evidence than has been presented here.

It should be pointed out, however, that such a complication is not
as serious as it might first appear, since the inventory of underlying
segments of MCS, and of other Spanish dialects, is already different
from that of the 'standard language'. The underlying inventory of
segments in Standard Spanish, for example, contains the dorso-velar
spirant /x/. MCS, however, along with several other Spanish dialects, includes no such segment in its inventory of underlying forms,
but rather, the voiceless pharyngeal spirant /h/.

Although it is beyond the scope of this paper, it can easily be
shown that such a difference of underlying forms is necessary. There
is simply no synchronic justification for claiming that the underlying
segment inventory of MCS should contain a voiceless dorso-velar
spirant.

6. Epilogue. From the data and arguments presented here, it is
apparent that a series of minor arguments converge, providing perhaps slightly more compelling motivation to maintain the current
[-continuant] status of voiced obstruents in the synchronic grammar
of MCS, with an accompanying rule of spirantization in specific

environments, rather than a phonemic restructuring of these segments as [+continuant], with a phonological rule of despirantization.

If, however, the trend toward continuancy continues in MCS, eventually eliminating all surface occurrences of [-continuant] [bdg] from the surface level, then a phonemic restructuring must obligatorily take place, making the underlying forms of the voiced obstruents [+continuant]. If such a phonemic restructuring were not to take place, the phonological grammar of MCS would be left with a rule of absolute neutralization, which would convert all occurrences of [-continuant] /bdg/ to [+continuant] surface forms in all environments. Only time will tell, however, if such an obligatory phonemic restructuring of the voiced obstruents of MCS will take place.

NOTE

I would like to thank Bohdan Saciuk for his advice and many helpful suggestions during the preparation of this study, especially in the section dealing with marking conventions.

REFERENCES

Alarcos Llorach, Alonso. 1961. Fonología española. Madrid, Editorial Gredos.

Almendros, Néstor. 1958. Estudio fonético del español en Cuba. Boletín de la Academia Cubana de la Lengua, 7.138-76.

Bartoš, Lubomir. 1965. Notas al problema de la pronunciación del español en Cuba. Sbornik Praci Filosoficke Fakulty Brněnske University, 14.143-9.

Bartoš, Lubomir. 1970. Quelques observations sur le consonantisme de la modalité cubaine de l'espagnol. Proceedings of the Sixth International Congress of Phonetic Sciences, edited by Hála et al. Prague, Hueber.

Canfield, D. L. 1962. La pronunciación del español en América. Bogotá, Publicaciones del Instituto Caro y Cuervo 17.

Chomsky, N. and M. Halle. 1968. The sound pattern of English. New York, Harper and Row.

Fujimura, Osamu, ed. 1973. Three dimensions of linguistic theory. Tokyo, Institute for Advanced Studies in Language.

Guitart, Jorge. 1976. Markedness and a Cuban dialect of Spanish. Washington, D.C., Georgetown University Press.

Hammond, Robert M. In progress. Some theoretical implications from rapid speech phenomena in Miami-Cuban Spanish. Doctoral dissertation, University of Florida.

Harris, James W. 1969. Spanish phonology. Research monograph 54. Cambridge, Mass., The MIT Press.

Isbǎşescu, Cristina. 1968. El español en Cuba: Observaciones
fonéticas y fonológicas. Bucarest, Sociedad Rumana de
Lingüística Románica.

Kiparsky, Paul. 1973. How abstract is phonology? In: Three
dimensions of linguistic theory. Edited by Osamu Fujimura.
Tokyo, Institute for Advanced Studies in Language. 5-56.

Lamb, Anthony J. 1968. A phonological study of the Spanish of
Havana, Cuba. Doctoral dissertation, University of Kansas.

Lapesa, Rafael. 1959. Historia de la lengua española. Madrid,
Escelicer.

López Morales, Humberto. 1970. Estudio sobre el español de
Cuba. New York, Las Américas Publishing Company.

Menéndez Pidal, Ramón. 1962. Manual de gramática histórica
española. Madrid, Espasa-Calpe.

Navarro Tomás, Tomás. 1965. Manual de pronunciación española.
Madrid, Publicaciones de la Revista de Filología Española,
número III.

Resnick, Melvyn C. 1975. Phonological variants and dialect
identification in Latin American Spanish. (Janua Linguarum,
Series Practica, 201.) The Hague, Mouton.

del Rosario, Rubén. 1970. El español de América. Sharon, Conn.,
Troutman Press.

Sosa, Francisco. 1974. Sistema fonológico del español hablado
en Cuba: Su posición dentro del marco de las lenguas 'criollas'.
Doctoral dissertation, Yale University.

Stockwell, Robert and J. D. Bowen. 1965. The sounds of English
and Spanish. Chicago, The University of Chicago Press.

MORE SURFACE STRUCTURE CONSTRAINTS IN SPANISH

THEODORE V. HIGGS

Pennsylvania State University

Introduction. Perlmutter (1971) has suggested that whenever the routine application of rules for converting well-formed deep structures into surface structures results in an ill-formed surface structure, then the notion of surface structure constraints becomes necessary. An example of this from English is the 'go + Verb' constraint:

	I		I	
	you		you	
(1) Whenever *(s)he feels sad	*(s)he go study linguistics.
	we		we	
	you		you	
	they		they	

The constraint is stated in terms of the morphology of go in this construction, namely, that 'go + Verb' works only when go alone, i. e. with no additional morphological material, is followed by the Verb. Thus, from the sentences represented in (1), *Whenever (s)he feels sad (s)he goes study linguistics is ill-formed on the surface. Note, however, that (2) is well-formed:

(2) Whenever (s)he feels sad does (s)he go study linguistics?

Sentence (2) is well-formed because the morphological condition for blocking does not obtain.

From Spanish, Perlmutter points out that (3) is well-formed, following the expected Dative + Accusative, or IO + DO ordering, while (4) is ill-formed on the surface:

52

(3) Te lo presenté. 'I introduced him to you'.
(4) *Le te presenté. 'I introduced you to him'.

To express the idea of 'I introduced you to him', one either says (3) again allowing the context to carry the burden, or one sidesteps the issue by saying either (5) or (6):

(5) Te presenté a él. 'I introduced you to him'.
(6) Los presenté. 'I introduced (both of) you'.

Perlmutter further points out that in dialects that allow three clitics, the order is again constrained to allow (7), but not the plausible rejoinder found in (8).

(7) ¡ Mi vino! ¡ Te me lo tomaste! 'You drank up all my wine'!
(8) *Sí, me te lo tomé, ¿y qué? 'Yeah. So what'.

In its final form, Perlmutter's constraint on clitic ordering in Spanish, irrespective of the number of clitic forms involved, is

(9) Se II I III

For the purposes of the following discussion, I accept that on the basis of Perlmutter's analysis the theoretical need for surface structure constraints has been established.

Background. The data I am going to examine also involve clitics, although in a different way. The following examples are intended to sketch briefly the relevant environments for the phenomenon to be discussed.

In standard Spanish, clitic forms may optionally follow infinitives and gerunds. Thus, sentences (10) and (11) are cognitively synonymous.

(10) Se querían sentar allí. 'They wanted to sit there'.
(11) Querían sentarse allí. 'They wanted to sit there'.

The same is true for (12) and (13).

(12) Me lo estaban diciendo . . . 'They were telling me . . .'
(13) Estaban diciéndomelo . . . 'They were telling me . . .'

In the case of affirmative commands, clitic forms obligatorily follow the verb form. Thus, (14) is good while (15) is not.

(14) Tómenselo. 'Drink it up'. No se lo tomen. 'Don't drink
it up'.
(15) *Se lo tomen. *No tómenselo.

The data. In the remainder of this paper I discuss a dialect of
Spanish spoken by elements of the upper-middle class in Bogotá,
Colombia. The data to be reported are regularly found in informal,
unguarded speech. The dialect and register of Spanish in question
regularly give reflexive imperatives of the form (16), in apparent
free variation with the standard (17).

(16) Siéntesen. 'Sit down'.
(17) Siéntense. 'Sit down'.

More interesting, perhaps, is that a similar construction is regularly observed in the reflexive or reciprocal gerund forms. Compare
(18) with the standard (19).

(18) Estaban golpeándosen. 'They were hitting each other'.
(19) Estaban golpeándose. 'They were hitting each other'.

These two pairs of sentences merit a closer look in that their behavior is not quite identical. In (16) one finds that the third person
plural marker -n simply moves out of its normal position at the end
of the stem, and into a word-final position. That is, one never observes anything like

(20) *Sientensen. (Sit down.)

In contrast with (16), however, sentence (18) shows two final -n end-
ings: the -n of the auxiliary verb is retained in its normal position,
and an additional or perhaps copied -n is added to the end of the
gerund-plus-clitic form. That is to say, one never observes sentences such as

(21) *(Ellos) estaba golpeándosen. (They were hitting each other.)

For convenience, we will call the morphological behavior of sentences
(16) and (18) 'The Flying -n Phenomenon'.
    In the dialect under discussion, the Flying -n Phenomenon is not
limited just to reflexive or reciprocal clitics, however. Consider:

(22) Querían contarmen la historia. 'They wanted to tell me
the story'.
(23) Estaban buscándomen . . . 'They were looking for me . . .'

One finds, then, that Flying -n can occur with Dative, Accusative, and Reflexive/Reciprocal post clitics.

Interpretation. As we look at these data, it would at first appear that we have something happening that used to be called 'Pattern Pressure' or 'Structural Symmetry'; something similar to the widely reported restructuring of the second person singular preterite forms in which elements like hablaste, comiste, and viviste become, respectively, hablastes, comistes, and vivistes, by analogy with many other second person forms. This argument could lead us to hypothesize broadly that the Flying -n Phenomenon may occur freely with all phonologically and semantically compatible postclitic forms, in order to retain the -n of the third person plural in its 'more satisfying' final position. This hypothesis would rule out the phonologically impossible forms such as (24) and (25), and also such semantically impossible forms as (26).

(24) *Estaban golpeándonosn. (They were hitting us.)
(25) *Querían encontrarlosn. (They wanted to find them.)
(26) *Dígaten la verdad. (You tell you the truth.)

This broad hypothesis fails, however, on the basis of such unacceptable forms as (27) and (28), which are phonologically and semantically plausible.

(27) *Búsquelon. (Look for it.)
(28) *Querían verlan. (They wanted to see her.)

On the basis of acceptable Flying -n sentences involving se and me, e. g. (16) or (17), an alternative hypothesis could be suggested that perhaps a late phonological rule is operating that limits the occurrences of Flying -n to postclitic forms ending in -e. Yet one finds that sentences such as (29) and (30) are also blocked, even though they, too, are phonologically and semantically well-formed when viewed against the rest of the language.

(29) *Estaban buscándoten. (They were looking for you.)
(30) *Dígalen la verdad a él. (Tell him the truth.)

It must also be noted that if Flying -n occurs at all, the -n must fly all the way to the end of the verb form. Thus, (31) blocks, even though me is one of the postclitic forms that allows Flying -n.

31) *Quítemenle su rifle. (Take away his rifle (for me).)

Finally, as one last caprice, it seems that in the dialect in question there is a further restriction on the structure of postclitics that blocks any construction of the form '. . . Verb + <u>seme</u>', even though such constructions should apparently be possible. Thus, (32) is good while (33) blocks.

(32) Los pantalones se me estaban cayendo. 'My pants were falling down'.

(33) *Los pantalones estaban cayéndoseme. (My pants were falling down.)

All of the above discussion has the result of limiting the possible environments for Flying <u>-n</u> to just postclitic <u>se</u> or <u>me</u>, but not both, eliminating all other apparently compatible clitics.

Analysis. It is now necessary to reexamine the notion of surface structure constraints in the light of these data, first, to see if the concept is relevant; and second, to see if it leads to the preferred goal of finding an intuitively satisfying and natural explanation of the data.

In the first case, one notes that what is observed in these data differs from the Perlmutter data in two ways. Flying <u>-n</u>, when it occurs, is always optional. Perlmutter's constraints were always obligatory. Furthermore, the entire Flying <u>-n</u> Phenomenon is probably not associated with the so-called standard dialect, while both of the cited Perlmutter constraints definitely are. These two differences seem to be only differences in degree, however, and should allow the concept of surface structure constraints to apply. One might only consider Flying <u>-n</u> to be a variable rule in the syntax of the grammar in order to see that it will still be the case that there can exist well-formed deep structures for which no well-formed surface structure can be found. This is precisely the condition that Perlmutter established in defining surface structure constraints.

This leaves the task of finding some unifying regularity that explains the apparent capriciousness of these surface structure forms. I have pointed out that there are no phonological grounds for accepting <u>Estaban buscándomen</u> while rejecting . . . <u>buscándoten</u> or . . . <u>buscándolen.</u> Neither can any morphological or syntactic criterion be adduced which will explain the grouping of Accusative and Dative <u>me</u> with Reflexive/Reciprocal <u>se</u>, to the exclusion of the other Accusative, Dative, and Reflexive/Reciprocal pronouns. Finally, no semantic criterion can be found which naturally explains the distribution of the construction. In short, I have been unable to find any set of conditions that should allow Flying <u>-n</u> to occur with <u>se</u> and <u>me</u> while not allowing it to occur with any other postclitic forms that

seem otherwise to meet the criteria for the process to apply.   The
data cannot be explained; they can only be described.

For want of a convincing regularity, I offer instead a fairly
speculative hypothesis, in two stages.   For the first stage, consider
some data from English.   It is known that the rules for forming tag
questions or confirmation questions in English are very straightforward.   They involve pronominalizing the subject NP, and doing a few
other mechanical operations.   Yet in sentences having words like
everybody, somebody, anybody, etc., and their respective negatives
as subjects, the otherwise regular and straightforward system for
tags and confirmations breaks down.   This does not mean that English
syntax is completely capricious just because native speakers become
ambivalent when it is time to tag a sentence like (34):

(34)   Everybody left on time, didn't _____?

It simply means that at just this point in the grammar of English
there appears to be a lacuna in an otherwise systematic syntactic
process.

Now consider the second stage, taking data from a variety of
Spanish dialects.   Since first gathering and confirming the data for
Bogotá, Colombia, I have become aware that for many speakers of
Spanish, especially in the Caribbean region, the full paradigm of
forms shown in (35) and (36) in fact regularly occurs:

	-me-	
(35) Estaban contándo-	-te-	-n la historia.
	-le-	
	-se-	

	-me-		me
	-te-		you
(36) Estaban mirándo-	-se-	-n. They were looking at	themselves.
	-lo-		it (him)
	-la-		it (her)

Thus, sentences of the form Ellos estaban contándolen la historia and
Ellos estaban mirándolan are, for many speakers, both well-formed
and acceptable.

Putting together the implications from the first and second stages,
it becomes possible to formulate the speculative hypothesis promised
earlier.   I hypothesize that what is observed in the Colombian data
may be identified as a tentative change, or as a drift that is still in
progress.   The change may ultimately be extended to include the full
paradigm of compatible forms, or it may be rejected in favor of a

return to the standard forms. Even if this hypothesis is sustained over time, however, it fails to account for the fact that the putative change was not initiated in a way that included all of the possible forms of the full paradigm.

In conclusion, it seems that, given the data under consideration, we must be satisfied for now with only a description. We must recognize that an intuitively satisfying and natural explanation is not available.

REFERENCE

Perlmutter, David M. 1971. Deep and surface structure constraints in syntax. New York, Holt, Rinehart and Winston, Inc.

LA PERIFRASIS IR + A + (INFINITIVO) EN EL HABLA CULTA DE CARACAS

ROSALBA IULIANO

Universidad Central de Venezuela

En este trabajo me propongo el análisis de la perífrasis ir + a + (infinitivo) sobre un material discursivo grabado entre 1968 y 1974 por el personal del Instituto de Filología 'Andrés Bello' de la Universidad Central de Venezuela, según las pautas establecidas por el PILEI (Programa Interamericano de Lingüística y Enseñanza de Idiomas) para el 'Estudio coordinado de la Norma Lingüística culta de las principales ciudades de Hispanoamérica y la Península Ibérica'.

El 'Proyecto' para este estudio fue presentado en el Simposio de Bloomington por Juan Manuel Lope Blanch. El propósito de dicho estudio es el análisis y descripción de las realidades idiomáticas específicas que caracterizan a cada uno de los países que tienen el español como lengua oficial: se podría llegar así al conocimiento de la norma hispánica común, es decir al conocimiento de la 'unidad dentro de la diversidad', de la 'unidad variada' o 'variedad uniforme', como dice Lope Blanch. [1]

El corpus para este trabajo está constituido por 25 horas de grabación, que recogen el habla de 50 informantes, todos caraqueños, mayores de 25 años e hijos de padres venezolanos (preferentemente caraqueños también). [2]

Valores de la perífrasis ir + a + (infinitivo).

1. Valor exhortativo. En el habla culta de Caracas es bastante frecuente el uso de esta perífrasis para expresar frases exhortativas, en concurrencia con el presente de subjuntivo. Hay, pues, alternancia, entre: vamos a decir y digamos--vamos a suponer y supongamos--

vamos a ver y veamos, etc. De este valor exhortativo, la perífrasis pasa fácilmente a funcionar como una simple 'muletilla', algo que se utiliza para llenar un silencio, mientras se piensa en lo que se va a decir.

Para que esta perífrasis pueda tener valor exhortativo, es necesario que el verbo auxiliar ir esté en presente de indicativo.

En el corpus, aparecen 65 casos de ir + a + (infinitivo) con valor exhortativo: en todos ellos el verbo auxiliar está en primera persona plural, como puede verse en este ejemplo:

. . . pero, vamos a ver: ¿qué es lo que uno considera bueno?
. . . (2M-76-d)[3]

La perífrasis con valor exhortativo no desplaza al presente de subjuntivo con el mismo valor: este último se usa con mayor frecuencia, probablemente por ser una forma más ágil y rápida. En efecto, en el mismo corpus he encontrado 114 casos de presente de subjuntivo con valor exhortativo.

Es muy frecuente que el mismo informante utilice las dos formas como puede verse en los siguientes ejemplos:

. . . tuvimos la suerte, vamos a decirlo así, de que hemos
sido muy felices . . . (3M-80-i)
. . . (lo que quieren es) ir a una de las casas de familia un
. . . el fin . . . digamos el sábado . . . (3M-80-i)
. . . Entonces ahora vamos a suponer la siguiente reacción
. . . (1M-128-i)
. . . Entonces, supongamos la siguiente ecuación. (1M-128-i)

Los verbos que he encontrado con este valor en el corpus son: decir, suponer, ver, poner y llamar. Los porcentajes de uso, relativos al total de perífrasis y al total de formas en presente de subjuntivo, son los siguientes:

Vamos a decir	40%
Digamos	90%
Vamos a suponer	25%
Supongamos	3%
Vamos a ver	23%
Veamos	--%
Vamos a poner	--
Pongamos	3%

Vamos a llamar   12%
Llamemos   1%

Como ha podido observarse, la mayor frecuencia de uso se da con el verbo decir, tanto en construcción analítica (vamos a decir) como en construcción sintética (digamos), precisamente por el valor de 'muletilla' que han adquirido estas formas, exhortativas en su origen.

Atendiendo a los grupos generacionales, las dos construcciones se distribuyen de la siguiente manera:

	ir + a + (infinitivo)	Presente de subjuntivo
I grupo	65%	65%
II grupo	14%	29%
III grupo	21%	6%

2. Valor temporal. La mayor frecuencia de uso de ir + a + (infinitivo) se da cuando esta construcción tiene valor temporal: el 83% del total de perífrasis examinadas.

Los 621 casos de ir + a + (infinitivo) con valor temporal se dividen en cuatro grupos, atendiendo a los diversos matices temporales que puede expresar la perífrasis: (1) valor ingresivo, (2) valor de futuro: perspectiva desde el presente, (3) valor de futuro: perspectiva desde el pasado, (4) valor perfectivo.

2.1. Valor ingresivo. La perífrasis ir + a + (infinitivo) puede significar el comienzo de la acción, es decir, puede presentar la acción verbal en su punto inicial, sin considerar su desarrollo posterior: se hace referencia a una acción que comienza a ser, que está a punto de ser. Cuando la perífrasis tiene valor ingresivo, el auxiliante ir está siempre en presente de indicativo, por ser éste el tiempo no marcado 'temporalmente'.

En el corpus, he podido registrar 94 casos de ir + a + (infinitivo) con valor ingresivo, es decir el 15% de las perífrasis temporales. Los informantes usan esta construcción para introducir un relato que se hará acto seguido:

. . . yo te voy a decir que . . . no . . . que indudablemente
yo no le veo la efectividad a esa posición tuya . . .
(1M-45-d)

O para expresar una acción que está a punto de realizarse:

. . . Quítate, mija, que te voy a caer encima . . . (1M-70-d)

Atendiendo a los grupos generacionales, pueden considerarse los siguientes porcentajes:

I grupo 53%
II grupo 28%
III grupo 19%

2.2 Expresión de futuro: Perspectiva desde el presente. Al hablar de 'expresión de futuro en perspectiva desde el presente' se está suponiendo que el 'ahora de la narración' es el presente cronológico en el que están ubicados el hablante y el oyente, mientras que el 'ahora de lo narrado' está situado en el futuro cronológico.

La perífrasis ir + a + (infinitivo) se usa muy frecuentemente para expresar este futuro, en concurrencia con el 'futuro de indicativo'. En el corpus, aparecen 481 casos de este futuro analítico (77% de las perífrasis temporales) frente a 146 casos de futuro sintético. En realidad, el futuro de indicativo tiene cierto valor hipotético, y esto hace que el hablante recurra a la perífrasis para dar a su expresión mayor claridad: con la forma analítica el hablante siente que puede expresar un futuro más próximo y, casi, más real. Esta diferencia modal puede observarse claramente en los siguientes ejemplos:

. . . de ese aumento, un real va a ser para mí . . . (1H-54-i)
¿Por qué será eso que nosotros los caraqueños hablamos tan
 cortado? (2H-123-d)
Es casi imposible pensar que el alumno va a tener una
 calificación igual en todas las áreas . . . (2M-109-f)
. . . yo no sé qué estilo tendrá esa gente . . . (1M-38-i)
. . . él va a poder sacar el año que viene petróleo . . .
 (2M-76-d)
. . . uno podrá decir: yo hubiese preferido vivir de tal
 forma . . . (2M-69-i)

Este desplazamiento del futuro de indicativo por parte de la construcción ir + a + (infinitivo) es frecuente en toda Hispanoamérica,[4] y se corresponde con la tendencia de las lenguas romances a preferir construcciones analíticas en oposición a las formas sintéticas del latín (cf.: pasiva y tiempos compuestos).

Atendiendo a los grupos generacionales, los dos futuros se distribuyen de la siguiente forma:

	Futuro analítico	Futuro sintético
I grupo	52%	29%
II grupo	35%	38%
III grupo	13%	33%

La mayor frecuencia de uso del futuro analítico está, como puede verse, entre los informantes del primer grupo, los cuales son también los que usan menos el futuro sintético.

En total, en el corpus aparecen 627 casos de futuro; de éstos, el 77% son futuros analíticos.

En el uso del futuro analítico he encontrado la única diferencia significativa entre Hombres y Mujeres: el 59% de los casos de ir + a + (infinitivo) con valor de futuro se encuentra entre las mujeres.

2.3 Expresión de futuro: Perspectivas desde el pasado. Además del futuro visto desde el presente existe también un futuro visto desde el pasado. El 'ahora de lo narrado' se ubica en el pasado, con respecto al 'ahora de la narración', pero en ese pasado se producen dos acciones 'A' y 'B', siendo esta última posterior a 'A'; el concepto verbal expresado por 'B' está en el pasado, con respecto al 'ahora de la narración' del hablante y del oyente, pero se proyecta al futuro con respecto al concepto verbal de 'A'.

Con ir + a + (infinitivo) este valor de futuro desde el pasado se expresa colocando el auxiliante ir en copretérito de indicativo. En el corpus, he registrado 45 casos de este uso de la construcción, es decir: el 7% del total de perífrasis temporales. Veamos los siguientes ejemplos:

. . . los mismos políticos sabían que eso iba a suceder . . .
(1M–54–i)
. . . le dijo que le iba a dar crédito a él, porque era venezo-
lano . . . (2M–1–i)
. . . interrumpieron un proceso creador que . . . iba
posteriormente, a aportar a la cultura universal, grandes
contingentes de conocimiento . . . (3M–87–f)

Atendiendo a los grupos generacionales, la distribución de ir + a + (infinitivo) con valor de futuro desde el pasado es la siguiente:

I grupo   24%
II grupo   45%
III grupo 31%

También en este caso hay una diferencia relevante entre Hombres y Mujeres: en efecto, el 62% de los casos registrados se debe a informantes del sexo femenino.

2.4. Valor perfectivo. En el corpus, aparece un solo caso de ir + a + (infinitivo) con valor perfectivo.

. . . la mujer ha ido a ocupar lugares importantes en los
últimos tiempos . . . (1H-38-i)

Se trata, en realidad, de un uso poco común porque en español las
perífrasis de valor perfectivo con infinitivo son las que tienen como
verbo auxiliante llegar, alcanzar, acabar, etc. Sin embargo, en
esta caso el informante recurre a la perífrasis ir + a + (infinitivo)
para dejar claro que no se trata de una acción puntual, sino que fue
necesario un proceso para que la misma se realizara. El auxiliante
en antepresente nos indica que ese proceso está ya terminado: nos
señala el estado perfectivo.

3. Valor modal. Cuando el verbo modificante está en copretérito
de indicativo, la perífrasis ir + a + (infinitivo) puede tener valor
conativo, es decir, puede expresar una acción que se inicia o se
intenta, pero no llega a realizarse, porque interviene algo que impide
la prosecución de la misma. Tal es el caso en estos ejemplos:

. . . Mira . . . este . . . ¿qué te iba a decir? (1M-141-d)
. . . por allá creo que iba a intervenir una persona . . .
(2M-109-f)
. . . esto no les iba a quitar a ustedes más de media hora
. . . (2M-146-i)

En el corpus, he registrado tan sólo 20 casos de ir + a + (infinitivo) con valor modal, es decir, el 2% del total de perífrasis
analizadas.
Atendiendo a los grupos generacionales, los 20 casos de perífrasis modal están distribuidos de la siguiente manera:

I grupo   35%
II grupo   40%
III grupo 25%

4. El modificante ir con doble valor. Cuando los verbos de
movimiento funcionan como auxiliantes de una perífrasis, sufren un
proceso de gramaticalización tan sólo parcial: casi siempre conservan
el sema de 'desplazamiento', aunque proyectado no ya en el espacio
sino en el tiempo.
Cuando el verbo auxiliar de la perífrasis es ir, puede darse el
caso de que éste se encuentre cumpliendo una doble función: como
auxiliar indica que el concepto verbal expresado por el infinitivo se
ubica en el futuro (movimiento en el tiempo) y--a la vez--indica
desplazamiento en el espacio, conservando todo su valor como verbo
de movimiento. Esto puede observarse en los siguientes ejemplos:

. . . los maestros no quieren ir a trabajar al interior . . .
(1M-97-d)
. . . entonces nosotros le regalamos un pasaje para que
fuera a conocer Curaçao . . . (3M-157-d)
. . . después, cuando fui a Brasil a estudiar . . . (3M-37-i)

En el corpus, aparecen 46 casos de ir con este doble valor de
modificante y expresión de movimiento a la vez. El verbo auxiliante
puede estar en diferentes tiempos, con lo cual se señalan características aspectuales o modales de la acción. La distribución de los
casos según el tiempo del verbo auxiliante es la siguiente:

Presente de indicativo	15 casos
Copretérito de indicativo	11 casos
Pretérito de indicativo	9 casos
Presente de subjuntivo	1 caso
Pretérito de subjuntivo	2 casos
Infinitivo	8 casos

Atendiendo a los grupos generacionales, la distribución de estos
casos de perífrasis con doble valor es la siguiente:

I grupo	32%
II grupo	36%
III grupo	32%

Conclusiones. La perífrasis ir + a + (infinitivo) es de una gran
riqueza expresiva en el habla culta de Caracas: puede tener valor
aspectual, temporal, modal, y puede también pasar de estos usos a
un simple valor de 'muletilla'.
En el corpus analizado, he encontrado 752 casos de ir + a +
(infinitivo). La frecuencia de uso de la misma, en sus distintos
valores y posibilidades de aparición, es la siguiente:

(1)	Valor temporal	83%
(2)	Valor exhortativo	9%
(3)	Ir con doble valor	6%
(4)	Valor modal	2%

La mayor frecuencia de aparición se da, como puede verse, con
el valor temporal. Y, con este valor, ir + a + (infinitivo) se usa
sobre todo para expresar el futuro analítico: el 83% del total de
perífrasis registradas son casos de futuro analítico.
Por otra parte, es posible observar que el uso de esta perífrasis
es mucho más frecuente en informantes del I grupo, lo cual deja

suponer que se trata de un fenómeno en expansión que tiende a
afirmarse cada vez más.

NOTAS

1. Lope Blanch, Juan Manuel. 'Para el conocimiento del habla
americana'. En: El Simposio de Bloomington. Bogotá. Instituto
Caro y Cuervo. 1964.

2. Para la discriminación de este corpus, atendiendo al grupo
generacional y al sexo, véase 'Queísmo y dequeísmo en el habla culta
de Caracas' de Paola Bentivoglio, en este mismo volumen.

3. El código entre paréntesis identifica al informante de la
siguiente forma: (a) el primer número indica el grupo generacional
(1 = de 25 a 35 años; 2 = de 36 a 55; 3 = más de 56); (b) la letra en
mayúscula indica el sexo (M = mujer; H = hombre); (c) el segundo
número remite al número de la grabación; (d) la letra en minúscula
indica el tipo de grabación: i = individual, d = diálogo entre dos
informantes, f = formal (grabación en elocución formal).

4. Cf. Moreno de Alba, José. 'Vitalidad del futuro de indicativo
en la norma culta del español hablado en México'. En: Anuario de
Letras. México. U. N. A. M. Facultad de Filosofía y Letras.
Centro de Lingüística Hispánica. Volumen VIII, 1970, págs. 81-102.

LA SOCIOLINGÜISTICA
Y LA DIALECTOLOGIA HISPANICA

JUAN M. LOPE BLANCH

Universidad Nacional Autónoma de México
and El Colegio de México

Mi propósito será, simplemente, el de tratar de determinar las
relaciones o coincidencias que existen entre la sociolingüística y la
dialectología y la manera en que aquélla puede contribuir a completar
los alcances y los logros científicos de la dialectología hispánica,
especialmente en relación con las investigaciones que estamos
realizando en México.

Para hacer viable tal propósito, pienso que resulta indispensable--
como primer paso--tratar de delimitar los respectivos campos de
acción de ambas ciencias lingüísticas, y procurar determinar--des-
pués--en qué medida la sociolingüística complementa a la dialectología. El camino inverso no lo podría recorrer de ningún
modo, ya que mis conocimientos sobre la sociología estricta son
prácticamente nulos.

Ese primer paso a que me acabo de referir presenta ya dificultades graves, por cuanto que considero que todavía no ha quedado
bien y nítidamente delimitado el campo de acción propio de la sociolingüística. Y acaso tampoco la delimitación de los objetivos
científicos de la dialectología haya alcanzado la aceptación unánime
a que toda ciencia debe aspirar. Sin embargo, no tengo otro remedio
que adentrarme por tan resbaladizos caminos.

Parece, sin duda, menos difícil referirse a los dominios propios
de la dialectología. Simplificando la cuestión en términos que tal
vez puedan resultar aceptables, cabría decir que la dialectología se
ocupa en el estudio del <u>habla</u>, por oposición a la gramática, a cuyo
cargo está el estudio de la <u>lengua</u>. Todo lo que sea estudio de alguna

realización de un sistema podrá ser considerado quehacer de la
dialectología. Por supuesto que los intereses de esta ciencia
lingüística rebasan ampliamente los límites que algunos han considerado definitorios. No compete sólo a la dialectología el estudio
de las hablas rurales, esparcidas por la geografía de cualquier
dominio lingüístico, más o menos extenso y diferenciado. Es también
de su competencia el estudio de las hablas urbanas, así como el de
sus diversas realizaciones, cualquiera que sea el nivel cultural a que
correspondan o el prestigio de que, en determinado momento, gocen.
De igual manera que la dialectología ha atendido a las realizaciones
rústicas o rurales de las más apartadas poblaciones de un país, debe
también atender--y ya está atendiendo--a las más elevadas manifestaciones de las hablas urbanas. Puede haber, pues, una dialectología del habla culta o inclusive una dialectología del habla
académica.

Una concepción tan amplia de la dialectología puede parecer
excesivamente vaga, informe y necesitada de mayor precisión. Sirva
sólo como punto de partida, y más adelante procuraremos irla pre-
cisando.

Mucho más difícil me parece determinar el campo propio de la
sociolingüística. En la época de su nacimiento 'oficial', [1] 'la
sociolingüística no había sido concebida más que en términos ex-
tremadamente generales, no se había precisado su objeto de estudio
ni se había establecido, consecuentemente, la metodología analítica
adecuada. Los investigadores se movían en un terreno sin lindes
claros, interesándose grosso modo por la influencia de la sociedad
en el lenguaje y viceversa' (López Morales 1973:480).

Mucho se ha avanzado desde entonces, es cierto, pero no creo
que se haya alcanzado todavía la meta final. Roger Shuy, dedicado
plenamente desde hace años a las investigaciones sociolingüísticas,
no sólo admite sino que pregona enfáticamente que 'apenas estamos
empezando a reconocer la naturaleza de nuestro trabajo' (Shuy 1974:
120).

Los diversos intentos hechos hasta ahora con el propósito de fijar
los límites precisos de la sociolingüística son, a lo que alcanzo, de
dos tipos: unos tratan de establecer esos linderos teóricamente,
desde puntos de vista sistemáticamente lingüísticos; otros prefieren
delimitar el campo mediante la enumeración de las diversas parcelas
que lo integran. [2] Al primer tipo pertenecen los ensayos de José P.
Rona y de Humberto López Morales; al segundo, los de Bright (1966),
Fishman (1968), Madelaine Mathiot (1969), Dell Hymes (1972), Shuy
(1974), Haugen (1974), Bal (1975) y tantos otros estudiosos norteamericanos que se han interesado últimamente por esta joven disciplina, que tan asombroso y firme desarrollo ha alcanzado en poco
más de una década.

Para Rona, el objetivo de la sociolingüística no es otro que la comparación entre el habla de los diferentes estratos de la sociedad, y considera que el terreno más provechoso para los estudios sociolingüísticos radica en la investigación de las actitudes lingüísticas, es decir, las actitudes sociales hacia el lenguaje.

Según López Morales, 'la función principal de la sociolingüística debe ser estudiar el diasistema, y al hacerlo está analizando la dimensión social del mismo' (Lopez Morales 1973:488).

Los principios teóricos y los razonamientos de que se sirven tanto Rona como López Morales para fundamentar su opinión pueden ser irreprochables, pero las conclusiones a que llegan no me parecen satisfactorias, y creo que no definen verdaderamente la sociolingüística. Volveremos sobre ello muy pronto.

Pero antes sinteticemos lo que otros estudiosos--especialmente norteamericanos--han dicho para tratar de definir la sociolingüística o para catalogar las tareas que consideran propias de ella.

Como es bien sabido, uno de los primeros intentos teóricos para precisar los dominios de la sociolingüística se debe a William Bright (1966), para quien esta ciencia debe ocuparse de la correlación existente entre las variaciones sistemáticas de las estructuras lingüística y social, tratando de mostrar la relación de causalidad que pueda haber entre ellas. En esencia, el objetivo fundamental de la sociolingüística sería la 'diversidad lingüística'.[3] Cierto es que el propio Bright advierte la insuficiencia de su definición, que no es mucho más precisa ni delimitadora que la dada, ya en 1962, por Dell Hymes, según el cual la lingüística sociológica debería estudiar el comportamiento verbal a través de sus relaciones con el ambiente, los participantes, los temas, las funciones del acto verbal y la forma de su ejecución. De ahí que Bright acuda--como han hecho tantos otros después de él--al recurso de enumerar las actividades que pueden considerarse propias de la sociolingüística. Y ellas serían, hasta donde alcanzan mis informes, y sin tratar de jerarquizarlas,[4] las siguientes:

El macroproblema esencial--nuclear--de la sociolingüística es, para Fishman (1968), el de la diversidad lingüística como reflejo de la diversidad social, en lo cual concuerda con Bright y en lo cual es seguido por Mathiot, Shuy, Bal, y la mayor parte de los especialistas. A ese tema básico habría que añadir el inquietante problema del cambio lingüístico (Bright, Fishman, Labov 1965, Bal), el del proceso de adquisición del lenguaje (Fishman, Shuy), el de la diglosia y el plurilingüismo (Fishman, Ferguson, Mathiot), éste último completado, según Haugen, por el de los contactos entre diversas lenguas, el del relativismo lingüístico (Hymes, Shuy), el

de la planeación lingüística (Bright, Fishman, Bal), que Haugen (1974)
hace extensivo a los complejos problemas de la política lingüística y
de la estandarización de las lenguas. A todos ellos habría que añadir
las cuestiones relativas a la actitud de los hablantes pertenecientes
a los distintos niveles sociales (Rona, Haugen, Shuy), con el caso
particular de la lealtad lingüística (Haugen), los problemas de educación y alfabetización (Shuy), los de tipología sociolingüística (Stewart),
los de desplazamiento de las lenguas (Haugen), y los referentes a los
diversos registros (Ure-Ellis, Hymes 1972, Denison) y a las diversas
funciones del lenguaje (Lefèbvre, Hymes).

Esta sucinta enumeración--que sin duda podría ampliarse mucho[5]
--evidencia la gigantesca amplitud del campo a que debe atender la
sociolingüística. Claro está que, dentro de ese colosal territorio,
el investigador se puede sentir inclinado a estudiar distintos aspectos,
según que sus intereses fundamentales sean estrictamente lingüísticos,
o sociológicos, o dialectales, o antropológicos, etc. Con ello, el
espectro de la sociolingüística se hace más y más complejo.

Quizá fuera conveniente tratar de reducir sus límites, hasta hacer
más abarcable ese territorio. Esto es lo que han procurado hacer ya
algunos de los especialistas mencionados. Roger Shuy, por ejemplo,
considera que los aspectos educativos no caen dentro del radio de
acción de la sociolingüística, sino que corresponden a la lingüística
aplicada (Shuy 1974:120). Einar Haugen (1974), por su parte, opina
que los problemas relativos a los préstamos y al contacto de lenguas
pertenecen, en estricta justicia, más a la lingüística que a la sociolingüística (Haugen 1974:102). Mucho más restringen el alcance de
esta última las definiciones de carácter teórico dadas por Rona y
López Morales (cf. supra), así como la de Willy Bal, para quien 'la
sociolingüística se centra en el problema de la elección de una variedad lingüística particular por una clase particular de hablantes en
situaciones particulares de enunciación' (Bal 1975:13).[6] Por mi
parte, trataré todavía de sugerir algunos recortes que juzgo posibles
o aun necesarios. Procuraré distinguir, dentro de las múltiples
actividades que se han mencionado como propias de la sociolingüística,
las que verdaderamente le corresponden de las que pertenecen--
también, al menos--a otras ramas de la lingüística.[7]

No me parece aceptable la concepción que de la sociolingüística
presenta Rona. Según él, la dialectología se distingue de la sociolingüística en que aquélla tiene como objeto de estudio el habla de
localidades diversas, en tanto que ésta debe estudiar niveles lingüísticos diferentes dentro de una misma localidad. De acuerdo con
ello, formula una rigurosa ecuación: 'lingüística diatópica = dialectología :: lingüística diastrática = sociolingüística'.[8] No alcanzo a
comprender en qué se basaba Rona para establecer esa tajante oposición entre lo geográfico (diatópico) y lo social (diastrático) como áreas

de naturaleza diferente.[9] Si la dialectología tiene como finalidad general el estudio de hablas, deberá atender tanto a sus variedades regionales como a las sociales, tanto al eje horizontal como al vertical. Desde hace medio siglo, un dialectólogo español injustamente poco conocido--García de Diego--definía la lengua, no sólo como un complejo mosaico de dialectos regionales, sino también como 'una superposición de dialectos sociales' (Garcia de Diego 1923:23).[10] Cada uno de esos dialectos guarda una relación natural tanto con los otros dialectos verticalmente situados como con los emparentados geográficamente. 'La separación [dentro de la dialectología] del estudio vertical y del horizontal es simplemente una abstracción científica basada en necesidades metodológicas, puesto que cada dialecto sólo existe en la realidad sincrónica como un conjunto de ambas dimensiones' (Hutterer 1965:11). El hecho de que la dialectología haya dedicado, hasta no hace mucho tiempo, lo mejor de su esfuerzo al estudio de las hablas regionales--especialmente rurales--no puede interpretarse como hecho definitorio, sino como circunstancia transitoria. Hoy amplía su radio de acción, atendiendo a las hablas urbanas[11] y a los dialectos verticales, sin por ello dejar de ser dialectología pura.[12] La 'sorprendente' semejanza que advertía Rona entre los fenómenos correspondientes al eje diastrático y los relativos al eje diatópico, no tiene en verdad nada de sorprendente. Siendo ejes constitutivos de una misma realidad, habían de asemejarse casi necesariamente. De ahí que--como señaló ya K. Jaberg (1936:20 ss.)--pueda haber mayor vinculación o afinidad entre el habla de personas de diferentes poblaciones pero de un mismo nivel sociocultural, que entre hablantes de diverso nivel en una misma localidad. Que sociedad no es sólo un organismo local, sino también regional y aun nacional, de modo que una sociedad puede verse no sólo verticalmente sino también horizontalmente.[13] En consecuencia, la dialectología atenderá a esas dos estructuras sociales a través de sendos métodos idóneos: el socio-dialectal para estudiar las hablas de una sociedad local, vertical, y el geo-dialectal para conocer las hablas de una sociedad regional, horizontal. No se trata, pues, de dos diferentes ramas de la lingüística, sino sólo de dos métodos diversos de la dialectología.

La definición de Rona, así como, fundamentalmente, la de López Morales corresponden a una concepción de la sociolingüística que denominaré 'filológica'. Y es que su visión de la sociolingüística tenía que estar, lógicamente, condicionada por el carácter de su propia formación profesional, inmersa en la tradición filológica románica. De ahí también que lo que Alvar--sin detenerse en demasiadas consideraciones teóricas--ha hecho en su estudio sobre el habla de Las Palmas de Gran Canaria, se mantenga dentro de los límites de lo que considero verdadera dialectología.

Dialectología--eso sí--con atención a ciertos factores sociológicos fundamentales. No sólo socioculturales (diastráticos), sino
también generacionales, sexuales y laborales. Pero que las hablas
de los distintos niveles, sexos, edades o profesiones son diferentes
entre sí, es cosa que se había dicho ya hace siglos. No puedo dejar
de recordar, una vez más, la aguda perspicacia del maestro Gonzalo
Correas, quien en 1625 escribió lo siguiente: 'Ase de advertir que
una lengua tiene algunas diferenzias, fuera de dialectos particulares
de provinzias, conforme a las edades, calidades, i estados de sus
naturales, de rrusticos, de vulgo, de ziudad, de la xente mas granada,
i de la corte, del istoriador, del anziano, i predicador, i aun de la
menor edad, de muxeres i varones: i que todas estas abraza la lengua
universal.14
    Ahora bien, la atención que los filólogos o dialectólogos de corte
románico prestan ahora a los factores sociales que intervienen en la
vida del lenguaje no podía ser exactamente la misma que la sentida
por antropólogos, sociólogos, etnólogos y psicólogos. En éstos, el
campo de interés se amplía enormemente. Los problemas de
bilingüismo, planeación lingüística, interacción lengua-sociedad,
etc. --que López Morales destierra del dominio de su sociolingüística
(dialectología vertical)--son de interés fundamental para todos ellos.
¿Significa esto que existan dos--o más--sociolingüísticas? Creo que
ello sólo revela que cada investigador atiende, dentro de ese colosal
e informe dominio lingüístico-social, a lo que considera más afín o
adecuado con sus intereses (cf. n. 37).
    Yo, por mi personal formación filológica, siento gran interés por
esos cuatro factores sociológicos primordiales a que ya ha prestado
su atención la dialectología tradicional; y pienso que cualquier investigación dialectal en que se los tome en cuenta, no deja de ser verdadera
dialectología. Haugen (1974) considera que 'la sociolingüística
principia en el punto en que Chomsky la deja' [a la lengua]; yo pienso
que lo que empieza ahí es, precisamente, la dialectología. Lo que
sí sucede, incuestionablemente, es que la débil atención que la dialectología tradicional prestaba a esos factores sociales básicos se
ha multiplicado y sistematizado hoy, gracias al ejemplo y al impulso
dado por los sociolingüistas de nuevo cuño a ese tipo de investigaciones.
Los dialectólogos estamos en deuda con ellos.
    Otro tema que ha despertado el interés de los sociolingüistas ha
sido el del cambio lingüístico. No puedo dejar de preguntarme si tal
tema pertenece, en realidad, a la sociolingüística, si bien cualquier
cambio lingüístico recorre necesariamente su trayectoria en el seno
de la sociedad hablante. Ciertas son dos cosas: que este tema ha
interesado, sobre todo, a sociolingüistas de procedencia lingüística--
como Labov--, y que lo que más les ha ocupado ha sido el análisis
del proceso del cambio, en el cual intervienen múltiples factores

sociales. Aun así, pienso que el problema puede seguirse manteniendo dentro de los límites de la filología (en el erróneo y limitado sentido de 'lingüística diacrónica') o de la lingüística general, aunque con inclusión en el análisis de los factores sociales que puedan condicionar el cambio. Si ha habido un problema lingüístico que haya interesado en verdad a la tradición filológica románica ha sido, sin duda alguna, el del cambio. En este punto se revela el distanciamiento existente todavía, por desgracia, entre la actividad lingüística hecha a uno y otro lado del Atlántico. En efecto, sorprende que Labov (1966), refiriéndose a las tres etapas por que atraviesa sucesivamente el cambio lingüístico en su largo proceso de realización--de acuerdo con lo señalado por Sturtevant--, no mencione el importante trabajo de Eugenio Coseriu relativo no sólo al proceso del cambio, sino también a su causa primaria y esencial. Distanciamiento que se repite cuando Labov (1965) teoriza muy inteligentemente sobre el mecanismo del cambio lingüístico,[15] pero sin referirse, no ya al estudio de Coseriu, pero ni siquiera a la aportación al respecto de la llamada escuela de Menéndez Pidal, inventariada en 1955 por Diego Catalán[16] y elogiada por Malmberg precisamente por la atención que Don Ramón prestó siempre--aun en las épocas de más estricto formalismo estructuralista--a los factores sociales y culturales que condicionan el hecho lingüístico.[17]

Fishman y Haugen, entre otros, se han referido--como objeto de interés para la sociolingüística--al mucho más amplio, aunque tal vez no más complejo problema del desplazamiento de las lenguas o dialectos. No cabe duda de que en el desplazamiento de cualquier sistema lingüístico intervienen factores sociales poderosísimos, pero cabe dudar de que sean tan exclusivamente determinantes del fenómeno de desplazamiento como para convertir a éste en 'provincia especial de la sociolingüística', como considera Haugen (1974:99). Son tantos y tan determinantes los factores históricos, culturales y aun estrictamente lingüísticos que intervienen en esos procesos, que tan aceptable me parecería sostener que su estudio corresponde al historiador de la lengua como al sociolingüista. Quizá más a aquél que a éste. Y hemos de evocar de nuevo a Menéndez Pidal, filólogo pleno en cuanto lingüista, historiador y crítico literario. Y recordar muy especialmente en este caso a Ferdinand Brunot, cuya monumental Histoire de la langue française debe inscribirse en ese rubro de la historia lingüística, dentro de la cual creo que caben muy bien tanto los casos de expansión como los de desplazamiento con ellos correlacionados.[18] Lo que la moderna sociolingüística puede hacer en este campo es descubrir y mostrar orgánicamente y con suficiente detalle los elementos o factores de carácter social que intervienen en el desplazamiento lingüístico y lo condicionan con mayor o menor vigor. El análisis del fenómeno contemporáneamente a su desarrollo

permitirá obtener explicaciones mucho más pormenorizadas, seguras
y rigurosas que las que ha podido alcanzar la lingüística diacrónica o
la historia lingüística con sus métodos de reconstrucción histórica.
Pero no creo que esa circunstancia aconseje o siquiera permita
desvincular el problema de la lingüística histórica.

Se me ocurre pensar que estas iniciativas o propuestas que me
estoy permitiendo comentar se explican como consecuencia de una
etapa de la historia de la lingüística en que imperaba una estrecha
y cercenante concepción de nuestra ciencia, de acuerdo con la cual
su único objeto de estudio debía ser el sistema lingüístico (lo intra-
sistemático), dejando al margen todo lo que fuera extra-sistemático.
La sociolingüística ha venido al rescate de todo ello. Pero acaso
deba compartirlo con su legítima propietaria, por cuanto que la
lingüística no es culpable de los delitos en que incurran sus seguidores.
Y menos si se tiene en consideración que no todos incurrieron en
tales fetichismos--por ejemplo, los dialectólogos--y que ha habido
otros--Chomsky en destacado lugar--que han contribuido a volver a
poner las cosas en orden. El sistema gramatical no es, por supuesto,
el único objetivo de la lingüística. Ni es posible identificar a ésta,
reduciéndola grotescamente, con la gramática.

Los sociolingüistas han coincidido también con los dialectólogos
en su visión realista de la compleja estructura de las lenguas. [19]
Gumperz, Sebeok y otros más han reaccionado contra la tesis monolí-
tica de la estructura lingüística, y han puesto de relieve la com-
plicada variedad de códigos que coexisten en cualquier comunidad
hablante. Cosa que había demostrado ya la dialectología, [20] al advertir, por obra de Rousselot y de Gauchat, [21] que ni el habla de una
pequeña comunidad ni siquiera la de una misma familia es uniforme,
sino que existen notables discrepancias entre los idiolectos que las
integran, debidas no sólo a las diferencias culturales (diastráticas)
existentes entre los hablantes, sino también a diferencias de edad y
de sexo. Se demostró que ni siquiera el habla individual--aun con-
siderada sincrónicamente--es uniforme u homogénea: Bonnafous,
Bouzet, Gavel, Allières[22] y Tuaillon[23] habían puesto en evidencia
el profundo polimorfismo de los hablantes de diversas localidades o
comarcas francesas, con lo cual probaban que la supuesta uniformi-
dad del habla individual también resultaba ser un mito.

Esa extrema variabilidad del habla idiolectal no contradice los
presupuestos de algunos sociolingüistas, pero sí permite poner en
tela de juicio sus conclusiones. Pensar, como Bright, que los casos
de 'variación libre' no son nunca verdaderamente libres, por cuanto
que están relacionados con diferencias sociales sistemáticas y
condicionados por ellas, [24] es llevar las cosas a extremos muy
discutibles. Las que Labov ha llamado 'presiones desde abajo [del
nivel consciente]' pueden ser, en muchas ocasiones, simples casos

de polimorfismo puro, entendiendo por tal el polimorfismo de realizaciones indiferentes, de que el hablante no tiene la menor cons-
ciencia, y que no obedecen a ningún tipo de condicionamiento (cf.
Allières 1954:70). Con toda razón ha podido tildar López Morales de
'insuficiente y sobre todo pragmático' el postulado de diversidad sos-
tenido por Bright. Y ello, porque 'en primer lugar, obliga a partir
de una premisa indemostrada--y que posee, según creo, grandes
posibilidades de que sea falsa--: que las variaciones lingüísticas
obedezcan sólo a condiciones sociales específicas y no a otros múltiples factores' (López Morales 1973:481). Y el propio Shuy--
comentando los intentos de Labov por integrar elementos anteriormente considerados como simples casos de variación libre dentro
de consideraciones sociales, como nivel cultural, raza, edad, estilo,
etc.--aunque reconoce lo valioso de tal intento, no deja de admitir
su relatividad. La tesis de Labov--escribe Shuy--'daría una explicación más completa del comportamiento lingüístico, aunque no
eliminara totalmente la noción de libre variación, ya que ciertas
fluctuaciones irreductibles en el idioma continuarían existiendo'
(Shuy 1974:117-118). No puedo detenerme aquí a demostrar la
exactitud de estas apreciaciones de López Morales y de Shuy; creo
haberlo hecho, sin proponérmelo, en trabajos anteriores, en los
cuales he mostrado con qué alta frecuencia aparecen en diversas
hablas mexicanas formas alternantes en verdadera variación libre,
casos del más perfecto polimorfismo inconsciente e incondicionado. [25]
Cierto que algunos hechos idiomáticos considerados originariamente
como casos de variación libre pueden tener un firme condicionamiento
social, pero otros escaparán sin duda a ese condicionamiento. [26]
Tanto el polimorfismo o la libre variación cuanto la diversidad
lingüística condicionada socialmente son realidades válidas e inde-
pendientes, aunque intercomplementarias. Ninguna de las dos
excluye a la otra.

    La planeación lingüística es asunto que interesa particularmente
a los sociolingüistas (Bright, Haugen, Shuy) y en torno al cual mucho
es el trabajo que podrían hacer. Sólo dos observaciones, un tanto
perogrullescas:

    Por un lado, la planeación lingüística forma parte de la llamada
política del lenguaje. Y la verdad es que no sé hasta qué punto los
lingüistas pueden intervenir en esa política del lenguaje. La
sociedad sigue estando--por lo general, al menos--en manos de los
políticos, de los gobernantes, pero no de los sociólogos (ni, mucho
menos, de los lingüistas). La política del lenguaje la seguirán haciendo los gobernantes, y todo lo más a que podrán aspirar por ahora
los lingüistas será a que algunos gobernantes los soliciten como
asesores de sus planeamientos lingüísticos. Y no estoy muy seguro

de que los intereses políticos coincidan con los lingüísticos. En la Nueva España, durante la época virreinal, la política del lenguaje estuvo sujeta a dos grandes fuerzas: la de la Corona y la de las Ordenes religiosas encargadas de la evangelización. Éstas, interesadas ante todo en la conversión de los indígenas, se sirvieron de las lenguas autóctonas para predicar la religión cristiana; pero la Corona impulsaba una política de castellanización dirigida a fortalecer la unidad imperial (Heath 1972:37 ss.). El ideal plasmado por Hernando de Acuña en su célebre verso--'un monarca, un imperio y una espada'--tenía que ir respaldado por la unidad lingüística. Los monarcas castellanos advertían que nada separa tanto como las diferencias de idioma. Esa política integradora, unificadora--aun a costa del sacrificio de las lenguas autóctonas--es la que suelen seguir los gobernantes todavía hoy. No creo que sean muchos los lingüistas dispuestos a secundarla. Sus intereses son antagónicos. [27] Existen, por supuesto, excepciones, como es el caso del apasionante plan de educación bilingüe puesto en marcha actualmente en el Perú. Pero creo que la política del lenguaje, por absurdo que pueda parecer, queda por encima del alcance de los lingüistas. Podrán seguir estudiando la historia de esa política y aun aspirar a que los gobernantes en turno se sirvan consultarlos como asesores.

Pero hay--por otro lado--unas parcelas en la planeación lingüística que sí son de la competencia primaria, por no decir exclusiva, de los lingüistas. Haugen (1974:107) advierte que una de las tareas más importantes de la planeación lingüística es la de codificación de la lengua--a través de la elaboración de gramáticas y diccionarios--que permita la normalización de las formas o usos seleccionados previamente como preferibles. Innecesario es decir que ésta ha sido la secular tarea de gramáticos y lexicógrafos desde la antigüedad greco-romana. La moderna sociolingüística parece venir a dar la razón a las dieciochescas academias de la lengua, que en el caso particular del idioma español integran ya un organismo de indudable importancia: la Asociación de Academias de la Lengua Española. ¿Y quién podría poner ahora en duda que el lema de la Academia Española--el de limpiar, fijar y aun tratar de dar esplendor al idioma hablado en 20 naciones--representa un caso de planeación lingüística digno de encomio? Resulta así que las academias, las trasnochadas y vituperadas academias, reciben ahora una sacrosanta confirmación por obra de la moderna sociolingüística. Y ellas sí que, en cuanto organismos oficiales respaldados por los gobiernos hispanoamericanos, pueden dejar sentir su influencia en la política lingüística de cada país. Ahora sólo falta convertir a esas academias de la lengua en verdaderas Academias de lingüistas . . .

Aunque Haugen considera (cf. supra) que los problemas relativos al contacto de lenguas y a situaciones de plurilingüismo competen más a la lingüística que a la sociolingüística, pueden tener también razón quienes opinan que tales asuntos son de primordial interés para la sociología del lenguaje. Pienso que, una vez más, la cuestión depende del enfoque general que se dé al estudio de esos problemas. Si se atiende, con interés prioritario, a los aspectos estrictamente lingüísticos de la interferencia entre idiomas, analizando en qué medida quedan afectados los sistemas fonético, morfosintáctico o lexicológico de los mismos, el trabajo no rebasará los límites de la lingüística pura. Pero si la atención fundamental del investigador recae sobre las condiciones sociales en que se produce el contacto idiomático, sobre la actitud de los hablantes bilingües y las situaciones que determinan el empleo de una u otra lengua, sobre la 'distinta significación social' (Haugen 1974:95) que cada lengua tiene para su usuario, no cabe duda de que la investigación poseerá un claro matiz sociolingüístico. [28] Es éste uno de los casos más palmarios en que lingüística y sociolingüística, sin confundirse, se complementan recíprocamente.

Se ha observado (Haugen 1974:104) que los filólogos, por lo general, no se han detenido mucho en el estudio de las actitudes lingüísticas, asunto al que la sociolingüística está prestando solícita atención (Shuy 1974:111 y 118-119). Creo que, de nuevo, la diferencia en el comportamiento de la filología y la sociolingüística ante este tipo de problemas es más bien de carácter cuantitativo, de distinta jerarquización en sus respectivos enfoques, de manera que los frutos de ambas ramas lingüísticas vuelven a ser complementarios. En efecto, la filología había atendido--aunque tal vez no con la minuciosidad con que se ocupa de ello la sociolingüística--a determinados casos de actitudes idiomáticas que influyen directamente en el sistema lingüístico y alteran sus derroteros. Sucede así no sólo en el caso de la etimología popular, sino también en el de otros fenómenos que se han englobado bajo el rubro general de 'error lingüístico': ultracorrección, cruce de palabras, equivalencia acústica (Menéndez Pidal). Todos los cuales repercuten en el sistema lingüístico y dejan en él su huella. Así como repercuten otras actitudes--purismo, cultismo, por ejemplo--también consideradas desde antiguo por la filología. O como repercute el prestigio que los hablantes reconozcan en uno u otro sistema, ya lingüístico, ya dialectal. [29] La sociolingüística ha ampliado mucho esta parcela correspondiente a las actitudes lingüísticas, y la ha cultivado con superior y exquisita acuciosidad. [30] El filólogo deberá tratar de determinar cuáles son las actitudes del hablante que mayor repercusión tienen en la vida del idioma, que más regularmente alteran o condicionan su estructura, para dedicar a ellas su

particular atención, como a factores verdaderamente relevantes
dentro de la organización y desarrollo de la lengua como sistema.

Porque se ha reprochado justamente a los lingüistas--a ciertos
gramáticos--su actitud simplificadora de la realidad idiomática,
consecuencia de su consideración del lenguaje como sistema cerrado,
con olvido de todo lo extrasistemático. Pero ahora--una vez que la
dialectología y la sociolingüística han mostrado la enorme com-
plejidad del hecho lingüístico y han atendido a la multitud de factores
que intervienen en él--hay que cuidarse del peligro que supone
adentrarse por tan cerrado bosque, corriendo el riesgo de perderse
en la maraña formada por tantos y tan variados factores (lingüísticos,
sociales, psicológicos, culturales, etc.). Es preciso evaluar y
sistematizar consecuentemente ese cúmulo de factores, je-
rarquizándolos con justeza y aun eliminando los que resulten
impertinentes. De lo contrario, si se atiende indiscriminadamente
a todas las variables posibles--de efecto, quizá, no siempre regular
y constante--, se correrá el peligro de llegar a sistematizaciones
irrelevantes o inseguras, e, inclusive, de no alcanzar ninguna verdadera sistematización. Y no cabe duda de que es obligación de la
ciencia humana el poner orden y sistema en lo que parece caótico o
informe.

El tiempo de que dispongo ahora impide que me detenga a considerar otros objetivos de estudio en que dialectología y sociolingüística coinciden o se complementan. Me limitaré, pues, a enunciar
rápidamente algunos de ellos.

El eje diafásico del sistema lingüístico o niveles de estilo dentro
de un mismo idiolecto según la particular situación en que se produzca
el fenómeno de la comunicación, señalado desde antiguo por los
filólogos, ha merecido especial atención por parte de los sociolingüistas, a partir de 1956 (T. B. Reid, C. A. Ferguson, M. A.
Halliday, J. J. Gumperz y otros), quienes han ampliado y perfec-
cionado mucho los métodos de estudio aplicables a estos 'registros'
o 'códigos', y han planteado algunos problemas de sumo interés para
la lingüística pura. Por ejemplo, Ure y Ellis (1974:117) suponen que,
en las lenguas de cultura más conocidas, como el inglés o el español,
'es probable que sean las diferencias de registro (más que cualquier
otra diferencia principal léxica y gramatical) las que proporcionan la
diferenciación más notable dentro de un mismo idioma', suposición
ésta que no podemos discutir aquí, aunque podamos ponerla en duda.

El estudio de los distintos niveles sociales del habla es el
objetivo definitorio de la sociolingüística, de acuerdo--por lo menos--
con algunos tratadistas, conforme hemos indicado. Es también tema
fundamental para la dialectología, al menos según muchos dialectólogos la concebimos. Y lo ha sido también para la filología clásica y
románica, según lo prueban trabajos por ella realizados en el pasado.

En 1927, Bloomfield[31] se refería a la necesidad de estudiar las diferencias existentes entre el habla culta y la inculta dentro de la lengua inglesa, y daba un primer paso tentativo. Tarea similar había sido cumplida décadas antes por la filología a través de sus análisis del llamado latín vulgar, y tarea similar hemos iniciado ahora en el Centro de Lingüística Hispánica de la Universidad Nacional de México en relación con el español hablado en la capital mexicana.

El problema de 'la corrección del lenguaje' que, según Haugen (1966), ha preocupado tanto últimamente a muchos escritores de los Estados Unidos, como problema verdaderamente sociolingüístico, ha sido también preocupación de los gramáticos academicistas desde el siglo XVIII, como lo fue para los humanistas del Renacimiento, como lo había sido para los gramáticos de la antigua Roma. Las fórmulas de tratamiento y saludo que han llamado la atención de algunos sociolingüistas (cf. Shuy 1974:119), habían interesado también a gramáticos o dialectólogos de corte tradicional.[32] El problema de la 'inseguridad lingüística', que Labov (1966) ha analizado detenidamente en el habla de Nueva York, interesa también a los dialectólogos y reclama nuestra atención, con el fin de que se determinen sus características generales, todavía muy cuestionadas.[33]

No creo que valga la pena alargar la enumeración de los casos en que dialectología y sociolingüística coinciden o se complementan.[34] La enorme dificultad--por no decir imposibilidad--con que se tropieza al tratar de delimitar sus respectivos campos de trabajo es la mejor prueba de esa coincidencia o complementariedad. Como lo puede ser, en el ámbito personal, el hecho de que muchos de los trabajos filológicos que yo he emprendido o asesorado--sobre dialectología diastrática, polimorfismo, habla culta urbana de México, concepto de prestigio normativo, influencia de los sustratos, etc.-- atienden, si bien superficialmente, a factores sociales, de manera que parecería que--nuevo Monsieur Jourdain--habría estado haciendo sociolingüística, creyendo hacer dialectología.

Ahora bien: la comunidad, unas veces, o la afinidad, otras, de los temas de estudio que ocupan a la dialectología y a la sociolingüística, no permiten suponer, desde luego, que se trate de una misma especialidad científica bautizada con dos diferentes nombres. Y ello--creo--por dos motivos fundamentales: En primer lugar, porque dialectología y sociolingüística tienen objetivos o finalidades diversos, de lo cual se sigue que sus enfoques y sus métodos hayan de ser muchas veces al menos relativamente diferentes.[35] Y, en segundo lugar, porque, además de los campos de interés común, cada una de ellas posee parcelas peculiares y privativas. Claro está que, siendo la sociolingüística una actividad híbrida o compuesta de sociología y de lingüística, sus límites[36] resultarán relativos--

oscilantes--según que los establezcan sociólogos, lingüistas, antropólogos . . . o sociolingüistas. [37] De ahí que haya quienes 'prefieran llamarla sociología del lenguaje' (Haugen 1974:79), o quienes la consideren una rama de la dialectología (diastrática o vertical) . . . o quienes la denominen, precisamente, sociolingüística.

La dialectología puede, evidentemente, beneficiarse mucho con las aportaciones de la sociolingüística, como de hecho ya se ha estado beneficiando. El progreso metodológico que ha establecido la sociolingüística con su rigurosa y detenida consideración de factores sociológicos antes sólo superficialmente atendidos por la dialectología, es aportación de primera magnitud, que la actividad dialectológica habrá de tener ahora muy en consideración. Pero no debe, por supuesto, abandonar la dialectología temas o problemas que, por presentar implicaciones sociales, llegara a considerar, equivocadamente, como privativos de la sociolingüística. Si así se actuara, todo el estudio del habla tendría que pasar a ser dominio de esta joven ciencia, por cuanto que el hecho del lenguaje es un fenómeno eminentemente social. Así como, también, todo fenómeno social humano es un producto de la capacidad lingüística del hombre . . .

Las investigaciones dialectológicas que llevamos a cabo en México procuran seguir, en la medida de lo posible, algunas de las directrices que la sociolingüística propugna. Mi actividad, en la Universidad Nacional de México, es ante todo la de profesor. Como tal, me considero obligado a mostrar a los estudiantes lo que juzgo que <u>pueden</u> hacer al dar sus primeros pasos por el ancho campo de nuestra disciplina lingüística, así como a insinuarles lo que creo que <u>deben</u> hacer atendiendo al estado real de la lingüística en México.

Y lo primero, en éste y en otros muchos casos, pienso que es llegar al conocimiento por el conocimiento mismo. De ahí que, ante todo, mi propósito inicial sea conocer los <u>hechos</u> lingüísticos peculiares del español usado en México, con la mayor amplitud y profundidad posibles; después se les buscará la explicación adecuada. [38] Poco es, por desgracia, lo que se sabe todavía hoy sobre el español usado en México. Lo cual explica que, hace años, invitara a los estudiantes de su universidad a emprender investigaciones en torno a tres aspectos fundamentales de la lengua, todos los cuales contribuirían a alcanzar ese conocimiento:[39] la descripción del sistema lingüístico urbano--de la ciudad de México, como foco de irradiación idiomática con supremo prestigio en el país--, el estudio de las principales variedades regionales--ya a través de investigaciones de carácter geolingüístico, ya de monografías sobre el habla de una sola localidad--, y el análisis histórico de la evolución seguida por la lengua española en el país desde el siglo XVI. Tareas, sin duda, eminentemente filológicas, pero que no dejan de ofrecer amplias

implicaciones sociolingüísticas. El estudio de la norma urbana culta
--que se está llevando a cabo simultáneamente en otras muchas
capitales hispanohablantes--rebasa los límites de lo puramente
descriptivo y repercute en otras disciplinas relacionadas con el
lenguaje, entre ellas la sociolingüística.[40] Como repercutirá la
confrontación de ese nivel del habla con el nivel popular, tarea que--
como antes indicaba--ya hemos iniciado. En el estudio monográfico
de las hablas locales del interior del país, recomiendo que se preste
sistemática atención a los factores sociológicos de sexo, edad,
instrucción y actividad laboral, de manera que del análisis lingüístico
de cada dialecto local se desprendan enseñanzas de interés sociolingüístico o, por lo menos, se revelen problemas de índole
sociológica que reclamen un ulterior análisis pormenorizado. La
ambiciosa investigación que auspicia el Colegio de México con el
propósito de delimitar las diversas zonas dialectales del país se
ha complicado en gran medida por mi deseo de atender--aunque
fuera muy secundariamente--a algunas variables sociolingüísticas,
observables mediante la entrevista, en cada localidad, de un mínimo
de siete informadores. Una de las dificultades--y no la menor, por
cierto--que esta pluralidad de informantes nos ha causado es la que
se refiere al procedimiento que habremos de seguir para indicar,
dentro de los reducidos límites materiales de cada mapa, las
diversas respuestas recogidas en cada localidad de boca de siete
informantes, algunos de los cuales nos proporcionaban dos o más
contestaciones diferentes. Y ya me he preguntado si las dificultades
que implicará cartografiar todos esos datos quedarán o no compen-
sadas por la información--superficial y apenas sintomática--que
proporcionan en torno a algunos problemas sociolingüísticos.[41]

En todas las investigaciones a que acabo de aludir, no pienso--ni
mucho menos he pretendido--estar haciendo verdadera sociolingüística. Mi interés fundamental ha sido el conocimiento de la realidad lingüística mexicana. Por ello, me sirvo de métodos propios
de la dialectología, pero procurando atender, complementariamente,
a procedimientos aconsejados por la sociolingüística. Así, en el
estudio de la norma urbana, procuramos descubrir--y describir--el
sistema general de que se sirven los actuales hablantes mexicanos.
No seleccionamos un número reducido de fenómenos lingüísticos para
investigarlos a fondo bajo el condicionamiento de las variables
sociológicas, sino que procuramos estudiar, de manera global, la
fonética, la morfosintaxis y el léxico general de la norma urbana.
Pero sí procuramos, al elegir los informantes, que dentro de cada
nivel socioeconómico, queden proporcionalmente representadas las
diferentes generaciones de la población, de distinta procedencia
geográfica y sociocultural, los dos sexos y las diversas actividades
laborales, así como atendemos también a las posibles diferencias de

situación, haciendo encuestas de carácter informal--conversaciones libres o diálogos espontáneos entre dos informadores, de igual o diferente edad y sexo--, entrevistas de carácter formal--conferencias, clases, etc.--y grabaciones secretas en que la espontaneidad del habla pueda alcanzar su máxima formulación. Creo que aumentar el número de condicionamientos sociológicos podría complicar excesivamente nuestro trabajo, ya que--como digo--tratamos de estudiar el sistema dialectal en su conjunto y descubrir sólo las diferenciaciones sociales más sistemáticas y significativas. Similar procedimiento seguimos en nuestras investigaciones sobre el habla popular, tanto urbana como rural. Metodología, pues, fundamentalmente dialectológica, pero sin ignorar del todo los condicionamientos sociales que pueden iluminar y explicar ciertas peculiaridades del sistema dialectal analizado.

Orientación más estrictamente sociolingüística deberán tener las investigaciones que se emprendan en torno al español hablado en los Estados Unidos, dada la especial situación que la lengua castellana guarda en este país. Pero ello es asunto del que ya no tengo ni tiempo ni autoridad ninguna para hablar. Me interesan sobremanera los proyectos que en tal sentido existen en diversas universidades del sur del país: California, Colorado, Texas. Pero más que hablar de ellos, me gustaría escuchar información sobre ellos. Guardo, pues, silencio ya, agradeciendo a todos su atención.

NOTAS

1. Cuando, en 1963, el Social Sciences Research Council institucionalizó--como bien se sabe--las investigaciones de carácter sociolingüístico fundando, como parte de su estructura, una Comisión de Sociolingüística. Menos sabido es que, apenas un año después, el Programa Interamericano de Lingüística y Enseñanza de Idiomas (PILEI), al celebrar su Segundo Simposio en Bloomington, del 2 al 8 de agosto de 1964, fundó también una Comisión de Etnolingüística y Sociolingüística, cuyos primeros trabajos fueron los entonces presentados por Lou Lichtveld y Mauricio Swadesh.

2. Lo cual acaso sea bueno pues, más que establecer acotaciones a priori, quizá resulte mejor explorar materialmente el territorio que pueda corresponder a la sociolingüística. Que--como enseñaba Antonio Machado--'caminante, no hay camino: se hace camino al andar'.

3. 'The sociolinguist's task is then to show the systematic covariance of linguistic structure and social structure--and perhaps even to show a causal relationship in one direction or the other. [. . .] Linguistic diversity is precisely the subject matter of sociolinguistics' (Bright 1966:11).

4. Por cuanto que un problema que para unos es marginal, para otros resulta de importancia capital. Así, los problemas de plurilingüismo, que Fishman considera un tanto tangenciales a la sociolingüística--problemas especiales dentro del marco de referencia de la dinámica sociolingüística--son para Haugen (1974:94) 'el tópico central' de esta ciencia.

5. He catalogado sólo los temas propuestos coincidentemente por varios de los especialistas que se han interesado en estas cuestiones delimitadoras.

6. 'La sociolinguistique est centrée sur le problème du choix d'une variété linguistique particulière par une classe particulière de locuteurs dans des situations particulières d'énonciation' (Ball 1975: 13). Aunque posteriormente, al enumerar los temas de interés de la sociolingüística, el propio Bal rebasa los límites de su definición, por cuanto que alude a los problemas de planeación lingüística, del cambio lingüístico, de la alfabetización, y a otros puntos propios de la lingüística aplicada (Ball 1975:26).

7. Aconseja Jeffrey Ellis: 'I think it is important to bear in mind the need for two ingredients among others in our recipes for developing sociolinguistics: the gradual elaboration of a body of sociolinguistic theory distinct from but rooted in general linguistic and social-science theory; and, illuminated by and contributing to this theory, and indeed these theories, specific concrete studies of particular sociolinguistic problems' (Ellis 1969:565).

8. 'Por lo tanto, la comparación de diferentes estratos será la finalidad de la lingüística diastrática, o sea de la sociolingüística, del mismo modo que la comparación de lugares geográficos diferentes será la finalidad de la lingüística diatópica, o sea de la dialectología' (Rona 1974:212).

9. Con ello parece incurrir en el error consistente--según Hutterer--en 'la identificación tácita de la dialectología con la geografía lingüística' (Hutterer 1965:4).

10. Calificativo--el de social--que posteriormente se ha ido aplicando a los dialectos verticales más y más en los Estados Unidos (cf., por ejemplo, Ferguson-Gumperz 1960:9).

11. Cuya importancia, como focos de expansión lingüística, había sido ya señalada en 1922 por A. Dauzat: 'Chaque centre social est un foyer d'irradiation . . . Les métropoles constituent de puissants foyers d'expansion linguistique, qui rayonnent sur un territoire très vaste, jusqu'aux confins de leur influence sociale' (Dauzat 1922:171). E inclusive, ya en 1928, Jaberg y Jud habían dado entrada en su Sprach- und Sachatlas Italiens und der Südschweiz a las ciudades, cosa que se ha seguido haciendo frecuentemente desde entonces.

12. 'La descripción de un grupo de idiolectos, sintópica, sinstrática y sincrónicamente es tarea de la dialectología, pues el

cometido de esta rama de la lingüística no es otro que el de describir dialectos, aunque éstos sean verticales. El que la dialectología (tradicional) haya estado esencialmente preocupada por descubrir dialectos en un plano diatópico es factor circunstancial muy ligado a limitaciones de época y escuela' (López Morales 1973:484).

13. Puesto que, como indica Alvar (1971), el medio ambiente humano se mide tanto horizontal cuanto verticalmente: 'Ese medio ambiente condiciona al hombre según una doble motivación: la geográfica y la social' (Alvar 1971:20).

14. Gonzalo Correas, Arte de la lengua española castellana, 1625, p. 144 en la edición de Emilio Alarcos García, Madrid, 1954. Aquí se encuentran enumerados los factores que la dialectología actual ha convertido en 'clásicos' dentro de su quehacer sociolingüístico: dialectos de provincias (diatópicos) frente a lo demás (diastráticos); en éstos, diferencias generacionales (conforme a las edades: del anziano, de la menor edad), sexuales (de muxeres y varones), socioculturales o estrictamente diastráticas (calidades i estados: de rrusticos, de vulgo, de la xente mas granada, i de la corte), y aun diafásicas o estilísticas (del historiador, del predicador).

15. No obstante que la regularidad--tan absoluta y sistemática-- del proceso del cambio según lo presenta Labov revela un mecanicismo que hace recordar a cualquier buen neogramático.

16. Cf. D. Catalán, La escuela lingüística española y su concepción del lenguaje, Madrid, Gredos, 1955.

17. 'La forma [lingüística] se puede describir muy bien, es verdad, en fórmulas algebraicas de un grado de abstracción muy avanzado, pero no se aísla impunemente esta forma, matemáticamente descrita, del contexto social y cultural más amplio del cual ella es, necesariamente y por definición, una sub-estructura. El gran mérito de la escuela llamada española--la escuela de don Ramón Menéndez Pidal--es el haber formulado los principios y dado las aplicaciones prácticas de este aspecto importante de la lingüística' (Bertil Malmberg, Estudios de fonética hispánica, Madrid, 1965, pp. 119-120).

18. El tomo VII de la Histoire (Paris, 1926) está dedicado precisamente al desplazamiento que 'La propagation du français en France' originaba entre otros sistemas de comunicación.

19. 'Los viejos romanistas hablaron de unidad o fraccionamiento en el seno de una comunidad lingüística; desde la sociología se plantean idénticas cuestiones, si es que los problemas no son idénticos incluso en su motivación' (Alvar 1971:5).

20. Conforme señala Einar Haugen explícitamente: 'Los lingüistas de fe estructuralista tienden a pensar que la lengua es una estructura relativamente fija y homogénea . . . En contra de este principio de homogeneidad, se han levantado muchas voces; especialmente las de

los dialectólogos. En años recientes, ellos han recibido el apoyo de los antropólogos y de los sociólogos' (Haugen 1974:91).

21. P. J. Rousselot, Les modifications phonétiques du langage étudiées dans le patois d'une famille de Cellefrouin (Charente), Paris, 1891; Louis Gauchat, 'L'unité phonétique dans le patois d'une commune', en Festschrift Heinrich Morf, Halle, 1905, pp. 175-232.

22. Cf. J. Allières, 'Un exemple de polymorphisme phonétique' con referencias a los estudios de Bonnafous, Bouzet y Gavel aludidos.

23. G. Tuaillon, 'Exigences théoriques et possibilités réelles de l'enquête dialectologique', Revue de Linguistique Romane, XXII (1958), pp. 293-316.

24. Haciendo de esa correlación entre diversidad lingüística y social el objetivo fundamental de la sociolingüística.

25. Cf., en especial, 'Algunos casos de polimorfismo fonético en México', en el Homenaje a Vicente García de Diego que publicará en breve el Consejo Superior de Investigaciones Científicas, de Madrid; 'En torno al polimorfismo', Actas del V Congreso de la Asociación Internacional de Hispanistas, Bordeaux (en prensa); de manera más sucinta, en 'Dialectología mexicana y sociolingüística', Nueva Revista de Filología Hispánica, XXIII (1974), 1-34, especialmente pp. 17-21. Cf. asimismo Manuel Alvar, 'Polimorfismo y otros aspectos fonéticos en el habla de Santo Tomás Ajusco', Anuario de Letras, VI (1966-67), 11-41.

26. Lo mismo opina un dialectólogo tan experto y autorizado como Manuel Alvar (1971:21): 'El problema está en ver hasta qué punto las diferencias [lingüísticas] pueden ser constantes y caracterizadoras de un grupo social, o están diluidas en un polimorfismo de rasgos indiferentes'. También la distinción que Willy Bal establece entre 'variantes lingüísticas' (más o menos estables o sistemáticas) y variantes 'puramente individuales' (Bal 1975:15) implica la aceptación del polimorfismo y de las variantes libres.

27. Y no sería nada extraño que lo que el lingüista pudiera pregonar como idealmente deseable fuera tajantemente rechazado por el político. ¿Sería conveniente el plurilingüismo en Israel? ¿Lo ha sido, desde el punto de vista político, en tantos países de Europa?

28. Jerry McMenamin está preparando actualmente, en El Colegio de México, una investigación sobre ciertos aspectos del bilingüismo peculiar de los adolescentes chicanos residentes en el Valle Imperial de la Alta California. Su enfoque y sus objetivos son esencialmente sociolingüísticos, ya que desea determinar cuál es el grado de bilingüismo de esa población a través del conocimiento de los diversos factores sociales que determinan la situación idiomática, para lo cual el número de variables lingüísticas a que atienda será muy limitado. Si su orientación y su finalidad hubieran sido dialectológicas—el conocimiento y descripción del español hablado en el Valle Imperial—,

habría podido reducir drásticamente el número de variables sociológicas, para dedicar todo su esfuerzo a la descripción completa del
sistema lingüístico usado por los habitantes del Valle, y a medir la
interferencia ejercida en él por la lengua inglesa. Por supuesto que
ambos enfoques son válidos e intercomplementarios.

29. A ese factor he aludido--sin analizarlo con el detenimiento
que una investigación sociolingüística exigiría--como elemento
determinante de la trayectoria seguida por las diversas hablas hispánicas en España y en América. Cf. 'El concepto de prestigio y
la norma lingüística del español', en Anuario de Letras, X (1972),
29-46.

30. El conocido estudio de Einar Haugen sobre los hábitos lingüísticos de los núcleos de población noruega establecidos en los
Estados Unidos es uno de los más ilustrativos a este respecto. Y el
vigor o sistematicidad con que Labov (1966) ha estudiado la ultracorrección como germen de cambios lingüísticos, es buen ejemplo
del progreso metodológico introducido en diversos campos de estudio
por los sociolingüistas.

31. Leonard Bloomfield, 'Literate and illiterate speech',
American Speech (1927), p. 432.

32. En Hispanoamérica, a filólogos como Amado Alonso (1930),
Frida Weber (1941), Luis Flórez (1954) o Javier Sologuren (1954), y
en México, a María E. Miguel i Vergés, a quien tuve el gusto de
asesorar en un estudio sobre las 'Fórmulas de tratamiento en la
ciudad de México', Anuario de Letras, III (1963), pp. 35-86 (con
referencias bibliográficas de los autores anteriores).

33. Según Labov (1966), la inseguridad lingüística parece ser
particularmente acusada en el habla de la clase media baja de Nueva
York, lo cual coincide en líneas generales con las apreciaciones de
Alvar (1972:164-165) relativas a la mayor firmeza o regularidad de
la norma culta sobre la popular; pero creo que cabría suponer
también lo contrario (cf. mi artículo sobre 'Dialectología mexicana
y sociolingüística', Nueva Revista de Filología Hispánica, XXIII
(1974), en especial pp. 20-21), de acuerdo con lo que revelan los
datos reunidos por G. Perissinotto en torno al habla de la ciudad
de México. El problema--al que ha aludido también últimamente
Tomás Navarro (cf. 'Transcripción estrecha', Anuario de Letras,
XII, 1974, p. 185)--es de tanta importancia, que exige muchos y
pormenorizados estudios en diversas lenguas y sociedades.

34. Cf. W. Bal: 'Dans son esprit comme dans ses méthodes, la
sociolinguistique a de nombreux points communs avec la dialecto-
logie. L'une comme l'autre sont, si l'on peut dire, de la linguistique
"de plein air", elles donnent l'impulsion à des recherches qui se
pratiquent sur le terrain plutôt qu'en cabinet. L'une et l'autre portent
leur attention sur des variétés linguistiques spontanées, non

privilégiées, les parlers populaires' (Bal 1975:26-27). 'Les dialectologues ont pris conscience depuis longtemps des rapports entre leur descipline et l'étude des faits sociaux' (n. 3).

35. Aunque no siempre, de manera que no parece verdaderamente definitoria la distinción que establece Haugen (1974:94) entre los métodos propios de la lingüística (estudio intensivo del habla de unos pocos informantes) y los de la sociolingüística (estudio de muchos informantes de manera superficial). Sí es válida, por obvias razones materiales, la correlación entre el número--reducido o elevado--de los informantes y la densidad--espesa o tenue--de la encuesta, pero ello por igual en ambas actividades.

36. E inclusive sus objetivos y aun su concepción misma: 'La sociología lingüística, tal como nosotros la definimos, difiere profundamente de la <<metalingüística>> norteamericana, cuyo objeto es el estudio de las relaciones entre lengua y cultura (o sociedad), y que tiene por resultado una suerte de paralelismo sociolingüístico al tratar de establecer relaciones directas entre estructuras lingüísticas y estructuras culturales' (André G. Haudricourt y Georges Granai, 'Lingüística y sociología', en el vol. Estructuralismo y lingüística, Buenos Aires, 1969, pp. 99-119; cf. p. 113). Tampoco para W. Bal existe relación directa entre sociología y lingüística: 'La liaison entre le linguistique et le socio-culturel n'est que partielle [. . .] il n'existe pas de déterminisme absolu dans la liaison entre le linguistique et le socio-culturel' (Bal 1975:5 y 6).

37. 'The term sociolinguistics means many things to many people, and of course no one has a patent on its definition' (Hymes 1972:315).

38. Pero claro está que la explicación correcta puede obedecer a un factor determinado x que, de no haber sido tomado en cuenta al planear la investigación, podría quedar oculto, circunstancia que tal vez originara explicaciones equivocadas. Pero claro está, también, que la selección previa de determinados factores supuestamente pertinentes puede conducir a establecer relaciones inadecuadas.

39. Cf. La filología hispánica en México: Tareas más urgentes, México, UNAM, 1969.

40. Cf. 'El estudio coordinado de la norma lingüística culta de las principales ciudades de Iberoamérica', en El Simposio de México organizado por el PILEI, México, UNAM, 1969, pp. 222-233.

41. A ello me refiero, un poco más detenidamente, en el artículo citado en la nota 33, pp. 23-30.

REFERENCIAS BIBLIOGRAFICAS

Allières, Jacques. 1954. Un exemple de polymorphisme phonétique:
Le polymorphisme de l'-s implosif en gascon garonnais. Via
Domitia I, 70-103.

Alvar, Manuel. 1971. Sociología en un microcosmos lingüístico.
Prohemio (Madrid), II, 1, 5-24.

Alvar, Manuel. 1972. Niveles socio-culturales en el habla de las
Palmas de Gran Canaria. Las Palmas.

Bal, Willy. 1975. Brève introduction à la sociolinguistique. Revista
Portuguesa de Filologia XVII, 1-35.

Bright, William. 1966. The dimensions of sociolinguistics. Introduction to: Sociolinguistics. Edited by William Bright. The
Hague, Mouton. 11-15.

Coseriu, Eugenio. 1958. Sincronía, diacronía e historia: el
problema del cambio lingüístico. Montevideo, Universidad de la
República.

Dauzat, Albert. 1922. La géographie linguistique. Paris, E.
Flammarion.

Denison, N. 1969. Sociolinguistics and plurilingualism. En: Actes
du Xe Congrès International des Linguistes, I, Bucarest, 551-557.

Ellis, Jeffrey. 1969. Some lines of research in sociolinguistics.
En: Actes du Xe Congrès International des Linguistes, I, Bucarest,
565-568.

Ferguson, Charles A. 1959. Diglosia. Word XV, 325-340.

Ferguson, Charles and John J. Gumperz. 1960. Linguistic diversity
in South Asia. IJAL, 26.3.

Fishman, J. 1968. Basic issues in the sociology of language. Lg.
43.586-604.

Fishman, J. 1970. Sociolinguistics. A brief introduction. Rowley,
Mass. (3a ed., 1972).

Fishman, Joshua A., Vladimir C. Nahirny, John E. Hofman, and
Robert G. Hayden. 1966. Language loyalty in the United States.
The Hague, Mouton.

García de Diego, Vicente. 1923. Problemas etimológicos. Avila.

Gumperz, John J. 1962. Types of linguistic communities.
Anthropological Linguistics, 4.28-40.

Gumperz, John J. and Dell Hymes, eds. 1972. Directions in sociolinguistics. New York, Holt, Rinehart and Winston.

Haugen, Einar. 1966. Linguistics and language planning. In:
Sociolinguistics. Edited by W. Bright. The Hague, Mouton.
50-71.

Haugen, Einar. 1969. Language planning, theory and practice.
En: Actes du Xe Congrès International des Linguistes, I,
Bucarest. 701-709.

Haugen, Einar. 1974. Algunos problemas en sociolingüística. En: La sociolingüística actual. Edited by Oscar Uribe-Villegas. México, UNAM. 79-114.

Heath, Shirley Brice. 1972. La política del lenguaje en México. México, Instituto Nacional Indigenista.

Hutterer, Claus. 1965. La geografía lingüística y la dialectología. Montevideo, Facultad de Humanidades y Ciencias. Es traduccion del artículo Nyelvföldrajz és dialektológia, Altalános Nyelvészeti Tanulmányok, Budapest, I, 1963, 143-159.

Hymes, Dell. 1962. The ethnography of speaking. En: Anthropology and human behavior. Edited by Thomas Gladwin and W. C. Sturtevant. Washington, D. C., Anthropological Society of Washington. 15-53.

Hymes, Dell. 1972. The scope of sociolinguistics. In: Georgetown University Round Table on Languages and Linguistics 1972. Edited by Roger W. Shuy. Washington, D. C., Georgetown University Press. 313-333.

Jaberg, Karl. 1936. Aspects géographiques du langage. Paris.

Labov, William. 1963. The social motivation of a sound change. Word XIX, 273-309.

Labov, William. 1965. On the mechanism of linguistic change. En: Georgetown University Round Table on Languages and Linguistics 1965. Washington, D. C., Georgetown University Press. 91-114. Y en: Directions in sociolinguistics. Edited by John J. Gumperz and Dell Hymes. New York, Holt, Rinehart and Winston, 1972. 512-537.

Labov, William. 1966. Hypercorrection by the lower middle class a factor in linguistic change. En: Sociolinguistics. Edited by William Bright. The Hague, Mouton. 84-113.

Lefèbvre, Henri. 1967. Le langage et la société. Paris, Gallimard.

Lichtveld, Lou. 1964. National language planning. En: Actas del Simposio de Bloomington (agosto de 1964). Bogotá, Instituto Caro y Cuervo, 1967. 195-211.

López Morales, Humberto. 1973. Hacia un concepto de la sociolingüística. Revista Interamericana II, 478-489.

Mathiot, Madelaine. 1969. Estado actual de la sociolingüística norteamericana. Boletín de sociolingüística I, 3-6.

Menéndez Pidal, Ramón. 1962. Manual de gramática histórica española. Madrid, Espasa-Calpe.

Perissinotto, Giorgio. 1972. Distribución demográfica de la asibilación de vibrantes en el habla de la ciudad de México. Nueva Revista de Filología Hispánica XXI, 71-79.

Rona, José Pedro. 1970. A structural view of sociolinguistics. En: Method and theory in linguistics. Edited by Paul L. Garvin. The Hague, Mouton, 1970. Y en: Antología de estudios de etnolingüística y sociolingüística. Edited by Paul L. Garvin y Yolanda Lastra. México, UNAM, 1974. 203-216.

Shuy, Roger W. 1974. Recientes investigaciones en sociolingüística en los Estados Unidos. Actas del VI Simposio del PILEI, San Juan, Puerto Rico. 111-122.

Stewart, William. 1962. An outline of linguistic typology for describing multilingualism. En: Study of the role of second languages in Asia, Africa and Latin America. Edited by Frank A. Rice. Washington, D.C. 15-25.

Sturtevant, Edgar. 1947. An introduction to linguistic science. New Haven.

Swadesh, Mauricio. 1964. El impacto sociológico de la enseñanza en lengua vernácula. En: Actas del Simposio de Bloomington (agosto de 1964). Bogotá, Instituto Caro y Cuervo, 1967. 212-220.

Ure, Jean and Jeffrey Ellis. 1974. El registro en la lingüística descriptiva y en la sociología lingüística. En: La sociolingüística actual. Edited by Oscar Uribe-Villegas. México, UNAM. 115-164.

NUEVAS TENDENCIAS EN LA DIALECTOLOGIA
DEL CARIBE HISPANICO

HUMBERTO LOPEZ MORALES

Universidad de Puerto Rico

0. Cuando el dialectólogo--o en general el lingüista que anda en
busca de datos de actuación lingüística--se acerca al Caribe hispánico
(principalmente insular) le salen al paso, además de las bibliografías
generales para el español de América, trabajos especializados que le
hablan de la labor de investigación llevada a cabo en esta zona
hispánica. En efecto, la clásica bibliografía de Homero Serís (1964)
trae 23 títulos para Puerto Rico, 15 para la República Dominicana y
45 para Cuba, advirtiendo que es posible encontrar más trabajos
buscando con mucho entusiasmo en otras de las pintorescas sesiones
de este repertorio. [1] Carlos Solé (1970) selecciona con más rigor y
clasifica con más eficacia: Puerto Rico trae 41 títulos, más 24 de su
reciente artículo-apéndice (1972), la República Dominicana 18, más
3, y Cuba 51, más 11. Y se terminaron las bibliografías hispánicas
porque la obra de Gisela Huberman (1973) es un caos sobresaliente
y un alarde de desconocimientos, no sé si bibliográficos pero sí
lingüísticos, [2] y la que estaba llamada a ser la gran bibliografía
lingüística hispánica, la Computerized bibliography of Spanish Linguistics que preparaba el profesor R. J. Campbell y su equipo de la
Universidad de Indiana parece que ha muerto en estado non nato,
aunque el grueso del trabajo electrónico estaba ya hecho para 1968.

0. 1 De todas formas, el investigador descontento con estos
repertorios puede acudir a trabajos especializados, al menos para
Puerto Rico y Cuba. [3] Puerto Rico cuenta con una lista bibliográfica
de 318 puntos publicada en el primer número de la Revista de
Estudios Hispánicos (1971), pero en realidad se trata de un

91

inventario indiscriminado donde aparecen por igual trabajos muy
rigurosos--como los de M. Alvarez Nazario, por ejemplo--y un
tropel de literatura impresionista, subjetiva y de muy modesto
nivel científico, si alguno. Se añaden, además, libros escolares de
lectura, materiales para la enseñanza del inglés como lengua
extranjera y toda una serie de temas aledaños al objetivo de la
bibliografía. De toda esta maraña el lector paciente podrá sacar
unos cuantos trabajos pertinentes para intentar actualizar la vieja
información de Navarro Tomás, cuya investigación--no debe
olvidarse--es de los años 1927 y 1928.

Para Cuba puede consultarse una bibliografía de 118 puntos
preparada por López Morales (1971a). Allí sólo se excluyen estudios
sobre la lengua de autores específicos, libros de folklore (con
excepción del recuento de Feijoo, que trae refranes y dicharachos),
vocabularios colocados al final de novelas, cuentos, etc. y obras
que, a pesar de su título, no traen información propiamente lingüística. Como puede observarse, tampoco se discriminó a fondo
en ese listado, pero la bibliografía aparece acompañada de un examen
crítico donde se decía lo siguiente:

> La situación de los estudios léxicos no es demasiado precaria.
> En Cuba, como en el resto de América, muchos aficionados
> entusiastas se han ocupado de preparar estos recuentos léxicos
> donde la observación personal--con mayor o menor acierto--ha
> sustituido a la base técnica lexicográfica. Los resultados,
> desde un punto de vista informativos, son apreciables, aunque
> científicamente modestos. Se necesitan todavía trabajos que
> respondan a las necesidades de la dialectología contemporánea.
> Obsérvese que casi todos nuestros diccionaristas han llegado
> a los estudios léxicos desde otros campos de trabajo (folklore,
> etnología, literatura, historia) sin una preparación lingüística
> previa. Esto explica las insuficiencias de método en la
> recogida, organización e interpretación de los materiales.
> Los trabajos de más rigor metodológico se han limitado a
> textos escritos con muy pocas indicaciones a la lengua viva.
> Los diccionarios de indigenismos y afronegrismos, hechos
> todos con carácter exhaustivo son, en buena parte, depósitos
> de cadáveres; faltan análisis de frecuencia y cómputos
> estadísticos que nos dejen saber la proporción de estos
> elementos en la norma léxica de cada estrato sociocultural.
> Falta también un léxico básico del español de Cuba con
> frecuencias ponderadas e índices de uso.
> Parece que con respecto a la morfosintaxis los comentarios
> huelgan, puesto que en realidad, todo está por hacer.

En cuanto a la fono-fonología, los estudiosos del español americano tienen a mano para Cuba varios intentos de nóminas de sonidos: casi todos presentan como denominador común notables deficiencias teóricas que los invalidan parcialmente. Las nóminas son muy precarias ya que el oído no especializado sólo anota las diferencias más gruesas, y aún los sonidos consignados están tan insuficientemente descritos, con tanto vocabulario acientífico (sonidos claros, suaves, bien marcados, oscuros, sordos--no con la significación de ausencia de vibraciones laríngeas--, correctos, etc.) que la interpretación no siempre es fácil. La única excepción, el trabajo de Cristina Išbașescu, aunque representa un paso de avance, deja todavía muchísimo por hacer. Situándonos dentro del funcionalismo de Praga, que es donde la autora parece moverse, faltarían descripciones minuciosas de las múltiples realizaciones fonéticas de cada uno de los fonemas del sistema, estudio de su distribución, de las oposiciones constantes, de las neutralizables, en fin del 'sistema' fonológico del español de Cuba.

La investigación del español de Cuba está en pañeles, como se ve. A pesar de una bibliografía que excede los 100 títulos, es poco--y ese poco desorganizado--lo que sabemos sobre esta zona lingüística. [4]

0.2 La situación se hecha de ver, más o menos veladamente, en cuantos hoy escriben sobre el español de América: J.M. Lope Blanch pasa generosamente sobre las Antillas en pocas páginas, E. Coșeriu hace breves incursiones, destacando, sobre todo, las obras clásicas, Y. Malkiel no menciona a un solo lingüista de Puerto Rico, excepción hecha de A. Malaret, aunque se detiene en las obras de Navarro y en la más reciente de Germán de Granda. Y estoy haciendo referencia a trabajos de 1968, pues todos aparecieron en el IV volumen de los recientemente fallecidos Current Trends in Linguistics. El panorama que aquí se presenta no es casual ni infundado, pero--salvo excepciones--vuelve a situarnos nuevamente ante los clásicos: Navarro para Puerto Rico, Henríquez Ureña para La República Dominicana y . . . ¡Pichardo para Cuba! Es decir, 1928, 1940 y 1836 respectivamente. Y no está demás recordar que el más serio y riguroso de todos ellos, la monografía de Navarro, está a mucha distancia de las exigencias actuales. [5]

1. No cabe la menor duda de que desde estas obras acá ha corrido muchísima agua por debajo de los puentes de la dialectología.

El punto que debe servir de pórtico a toda discusión actual es la determinación de las relaciones entre teoría lingüística y pragmatismo dialectológico. Cierto que ya hoy hay poco que discutir, pero no siempre fue así. La dialectología románica ha venido demostrando desde hace bastante tiempo que sus materiales han servido para elaborar principios generales de lingüística. No es posible pensar en la dialectología como una simple subsidiaria de la teoría lingüística, aunque sin duda llegue a ser verdad el hecho de que suela recibir más que dar.

Se acepta sin grandes reparos que la metodología dialectal haya adquirido un altísimo grado de precisión; es menos frecuente, sin embargo, que se opere en forma sistemática con una teoría lingüística dada como base de un estudio dialectal. En este sentido, las opiniones son muy encontradas y diversas, pero podrían agruparse en dos grandes categorías; los dialectólogos empiricistas y los dialectólogos teóricos. Los primeros propugnan una dialectología empeñada en la colección y descripción de materiales, independientemente de principios teóricos específicos; los segundos, por el contrario, discriminan, ordenan y jerarquizan sus materiales atendiendo a pautas teóricas preseleccionadas. No es necesario subrayar aquí lo asistemático y en ocasiones sumamente precario de los estudios empiricistas. La realidad es que, fuera de los trabajos de aficionados, el quehacer descriptivo de las monografías dialectales ha seguido cierto trazo teórico. En estos casos los problemas son de otra índole; bien se siguen pautas teóricas muy caducas, bien se las sigue muy parcial e inconexamente, bien se mezclan varias teorías con arbitrariedad por explicable.

Aún antes de que Weinreich (1954) replanteara el asunto en términos concretos y definidos, la dialectología se había lanzado a explicar ciertos fenómenos echando mano a los conceptos estructurales de la fonología de Praga. Lo que se llamó después dialectología estructural es un complejo conceptual donde se aúnan los varios estructuralismos de las pasadas décadas.

Los triunfos y los fracasos de los estructuralismos--en lingüística y en dialectología--son materia larga y polémica. Lo que ahora interesa subrayar es que ellos abrieron para la dialectología un período sin precedentes en lo tocante a la intervención de los elementos teóricos. A partir de aquí los estudios dialectales estuvieron más comprometidos con principios de escuela y menos divorciados de la lingüística general, aunque sin intentar salir del nivel pragmático de la pura descripción.

Las teorías estructuralistas empezaron a tener competencia efectiva desde hace unos diez años. La lingüística generativa ganó con bastante rapidez la mayor parte de los círculos teóricos norteamericanos y algunos centros europeos. Tratándose de una teoría en proceso de formación se explica, primero, que ciertos postulados hayan sido sometidos a mucha revisión y que dentro de principios muy generales surjan ahora diferencias interpretativas, y segundo, que empeñados los generativistas en la construcción de grandes parcelas de su modelo, no se hayan lanzado en grande a estudios--en este momento subsidiarios--de diferenciación dialectal.

Adóptese el marco que se adopte, está claro que la dialectología ha dejado de ser un mero repertorio de curiosidades lingüísticas señaladas apriorísticamente, sin ordenamiento específico ni jerarquización alguna. Hoy es una ciencia empeñada en describir sistemas dialectales o en establecer variantes diasistemáticas apoyada en una firme base teórica. Para sus análisis cuenta hoy con un instrumental de alta precisión: han desaparecido los palatales artificiales dando paso a las modernas cintas Polaroid a todo color, los quimógrafos se hallan definitivamente arrumbados en los museos porque la electrónica moderna ha convertido la onda sonora en luminosa y la fotografía, o la descompone en formantes mediante un sistema de filtros, y estudia su espectro; la industria fílmica perfecciona sus películas granuladas de rayos X y se hace posible producir cinemarradiografías de gran brillantez, sin aditamento bucal alguno y a una velocidad muy superior a la necesaria para el análisis lingüístico. La metodología dialectal se enriquece con el aporte de las matemáticas--que saca porcientos, medias, medianas, proporciones, densidades--y se desembaraza de complicadas operaciones estadísticas que pasan a efectuarse--junto a otras--a través del cerebro electrónico. La dialectología recibe el impacto de todo este nuevo caudal y se renueva completamente.

Estos nuevos métodos de trabajo, que van en busca de precisión analítica, se complementan con rigor teórico, y han comenzado-- aunque lentamente--a dar sus frutos en esta nueva etapa de los estudios dialectales antillanos. Aún otros aspectos, como es el caso de la tradicional geolingüística, se han remozado considerablemente, ésta con su nueva dimensión sociolingüística, la importancia prestada a las zonas urbanas, y la mecanización electrónica de su cartografía.

2. Dos son los focos importantes de producción de estudios sobre el Caribe insular hispánico con enfoque generativista-tranformacional; algunos centros universitarios norteamericanos y Puerto Rico. Hay que reconocer, con respecto a las Antillas españolas que la primera cátedra de gramática generativa no se dicta en Puerto Rico hasta 1971, que la República Dominica y--¡por supuesto!--Cuba no se han enterado aún completamente de qué se trata, aunque al menos la Universidad Católica Madre y Maestra hace esfuerzos por ponerse al día. En tan precarias condiciones, agravadas por cierta añeja repugnancia hacia la teoría lingüística de cualquier tono que nuestra pereza mental fomenta, se explica que los estudios sean pocos, sobre todo si se los compara con la notable lista bibliográfica de Nuessel (1974) sobre estudios generativos del español. Es de lamentar que lo

dicho sobre la gramática generativa pueda hacerse extensivo a otras disciplinas lingüísticas que también brillan por su ausencia en los curricula de las universidades antillanas.

2.1 Uno de estos trabajos es un estudio sobre la fonología del español de La Habana; se trata de la tesis doctoral de Jorge Guitart (1976). Aunque Guitart apunta a un objetivo muy específico, dedica sus capítulos II y III a una presentación de conjunto sobre realizaciones alofónicas de lo que llama 'the educated Spanish of Havana' (=educación universitaria, clase media o alta). Su segundo capítulo ofrece una revista detallada en términos articulatorios del consonantismo y el vocalismo, haciendo hincapié en los fenómenos más relevantes; ya en el capítulo siguiente, la información se traduce a rasgos fonéticos o fonones y se trabaja a base de matrices, formas subyacentes y reglas fonológicas. Guitart utiliza en su estudio diferentes tempos, pero rechaza la clasificación propuesta por Harris, quedándose con dos: el andante de Harris pasa a careful y el allegretto a colloquial. A pesar de que varios puntos requieren discusión detallada, el trabajo es un pórtico a esta clase de estudios y en su día dará oportunidad para establecer comparaciones a nivel de descripción, por supuesto, con los estudios estructuralistas más recientes sobre el español de La Habana, concretamente con la tesis de Lamb (1967), con los datos de Salcines (1967), con el trabajo de Cárdenas (1970), con cierta información esporádica que trae Castellanos (1968). Guitart conoce todos estos materiales que cita oportunamente. Sin embargo, la comparación debería incluir también los datos de la tesis de Bernardo Vallejo (1970) sobre distribución y estratificación de varios fenómenos de carácter fonético: realizaciones alofónicas de /r/, /r̄/ y /s/. Aunque la estratificación presentada y algunos aspectos metodológicos sean discutibles, la información fonética es útil y ha sido sacada del análisis de un jugoso corpus recogido para el Estudio coordinado de la norma lingüística culta de las grandes ciudades del mundo hispánico, que lleva a cabo el Programa Interamericano de Lingüística y Enseñanza de Lenguas (PILEI). [6] Tampoco puede faltar la tesina de Halvor Clegg (1967) sobre aspiración y vocalismo en un idiolecto de La Habana, pues su análisis espectrográfico parece revelar importantes aristas de la fonología habanera; la monografía de López Morales (1971b) sobre 'Fricativas y cuasifricativas no aspiradas' al igual que su artículo sobre neutralizaciones consonánticas, aparecidos ambos en sus Estudios sobre el español de Cuba; el importante trabajo de Ernest Haden y Joseph Matluck (1973), examen también basado en el corpus de la norma culta, que trae riquísimos materiales sobre suprasegmentos; las investigaciones de Tracy Terrell sobre aspiración de /s/ y análisis de /r/ y /rr/, inéditas unas y en vías de

estudio otras, y no sería del todo desacertado incluir en la
comparación lo que dice la profesora rumana Cristina Išbaşescu
(1968) aunque sólo haya trabajado con pocos informantes y en
circunstancias algo peculiares.

Como se ve, el español de La Habana--en lo que a fonología
respecta--no está hoy tan olvidado. Es claro que cualquier enfoque
generativo tiene en común con los descriptivismos estructurales el
conocimiento minucioso de la actuación lingüística que, en cuanto a
componente fonológico, no puede ser otro que el de la alofonía. Con
un conocimiento más detallado y específico de ésta, al menos las
reglas que han de llevar al plano de la abstracción fonética surgirán
más adecuadamente.

2.2 El otro trabajo de enfoque generativista tiene que ver con el
componente sintáctico de ciertas frases verbales en el español de
Puerto Rico. Forma parte de un estudio preliminar inédito sobre
anglicismos en Puerto Rico; se estudian las construcciones gerundivas,
el contraste indicativo-subjuntivo en las oraciones-función complemento, los infinitivos con como, la modificación modal y las transformaciones pasivas. Estos fenómenos corresponden a tres tipos
de interferencia lingüística: de nómina, de distribución y de
frecuencia. Las dos primeras han sido bautizadas atendiendo al
plano externo de la actuación: hablo de interferencia de nómina
cuando la base del componente sintáctico o bien el sub-componente
transformacional producen estructuras externas paralelas a las del
inglés pero desconocidas en español; las de distribución son el
resultado de transformaciones transposicionales ajenas a la gramática
española, pero insertadas en la competencia de algunos hablantes
puertorriqueños. Se señala en este trabajo qué factores de la
competencia lingüística son responsables por las interferencias que
se observan a nivel de actuación. Se ha trabajado básicamente con
la zona metropolitana de San Juan y aprovechando los materiales
recopilados allí para el estudio de la norma culta, más otras
encuestas focalizadas realizadas especialmente para este estudio
y que constituyeron un corpus exploratorio.

A diferencia de la fonología del español de La Habana, aquí los
materiales que pudieran propiciar la comparación no existen, si se
exceptúa una tesina inédita de Irma Vázquez (1973) sobre construcciones gerundivas que sigue el patrón teórico del Cuestionario del
Proyecto de estudio de la norma culta. [7] La tesis de Edward Colhoun (1967) no ayuda para este estudio ni tampoco la de Charles
Kreidler (1958).

2.3 El camino generativo, apenas abierto en el mundo hispánico dialectológico, puede llegar a darnos frutos muy encomiables: Quizá quede siempre como un desideratum el intento de probar sobre el papel el supuesto de los universales lingüísticos. Si se acepta, reduciendo las proporciones, que cada complejo dialectal presenta una fisonomía única a nivel de base, es decir que presenta un paralelismo idéntico entre las estructuras subyacentes de sus dialectos, se aceptará consecuentemente que las diferencias dialectales entre los integrantes de un diasistema son todas inter-medias (a partir de las reglas subcategorizadoras, en el modelo ortodoxo) y por supuesto externas. Esto nos lleva a decir que todos los dialectos del español tendrán una base gramatical única (salvo los casos de inteferencias exóticas) y que las diferencias dialectales tendrán que buscarse en las historias transformacionales, vale decir, tipo de transformación, orden de las mismas, restricciones de superficie--como nos ha señalado el profesor Higgs en una comuni-cación presentada a este Coloquio--, etc. No podrían aceptarse desde esta perspectiva planteos como los de Otero (1973) a propósito del dichoso 'se' que tanta bibliografía tiene acumulada ya, porque implicaría diferentes bases gramaticales para diferentes dialectos del mismo diasistema. Los ejemplos que presentara Saporta (1965), con sólo remozarlos en su formalización, siguen siendo pruebas válidas para lo que aquí se dice, y sin meternos en honduras, parece muy obvio que las diferencias entre el madrileño ¿qué haces?, ¿qué haces tú?, el habanero ¿qué tú haces? y el bonaerense ¿que hacés?, ¿qué hacés vos? no hay más que diferencias ajenas a cualquier tipo de base gramatical.

El contraste dialectal intradiasistemático está llamado a simpli-ficarse enormemente, tan pronto como tengamos un amplio modelo de base, cosa que estamos muy lejos de poseer, y menos ahora, en que la doctrina está detenida ante una compleja encrucijada. Pero el hecho circunstancial de que no tengamos un modelo satisfactorio todavía no debe detenernos en nuestra búsqueda y en nuestros intentos.

3. No son tampoco muchos los trabajos sobre espectrografía dialectal sobre el Caribe insular hispánico.

3.1 El de Halvor Clegg (1967) citado anteriormente, es el primero que conozco. Analiza la realización fonética de las unidades vocálicas /e, a, o/ ante /s/ aspirada en un idiolecto de La Habana. Para precisar los resultados empleó un espectrógrafo Sonograph y papel B365 Sonogram. El aparato impresiona sobre el papel las frecuencias de 0 a 8000 ciclos por segundo en una altura de 1020 milímetros. El corpus--conversación espontánea--se grabó a una

velocidad de 7.5; de él se analizaron más de cien selecciones, pero
se escogieron 45 para el estudio. Las selecciones incluían no sólo
vocales finales, sino también las tónicas y las átonas para dar puntos
de comparación adecuados. Los resultados del trabajo son elocuentes
y sumamente originales con respecto a las realizaciones de /a/. La
realización de /e/ en posición átona y en posición final (ante aspiración) presenta solo un ligero adelantamiento horizontal articulatorio
en relación con la tónica cuando se comparan los segundos formantes
en el espectrograma. La realización fonética de /o/ en posición átona
en final plural también adelanta algo su articulación en relación con
la tónica. Esto obliga a concluir que las diferencias de realización
de /e, o/ no son de una magnitud observable. Por el contrario, el
caso de /a/ es muy revelador. El contraste de frecuencias sitúa a
/a/ en posición final plural (ante aspiración) en una situación única
comparable con las frecuencias medias de /e/ y de /o/: junto a esta
cerrazón articulatoria, la palatalización típica de otras áreas
dialectales, es aquí mínima.

En otras palabras, en este idiolecto habanero (habría que investigar
si es rasgo más extendido) la realización de /a/ antepuesta a aspiración de pluralidad no se caracteriza por la anticipación de zona
articulatoria, sino por la cerrazón central. Es rasgo que parece ser
original ya que no se había detectado previamente en la dialectología
del Caribe hispánico.

3.2 El otro trabajo, de mayores proporciones y de objetivos más
ambiciosos es el de Antonio Quilis y María Vaquero (1973) sobre
realizaciones de /ĉ/ en San Juan de Puerto Rico. Se realizaron
grabaciones en cabina a una velocidad de 19 cm por segundo y éstas
fueron sometidas al espectrógrafo, un Sonograph 6061B de la Kay
Electric. Se buscaron todos los posibles contornos y las posiciones
posibles del fonema, y se construyeron los materiales de grabación
de manera que el esquema de entonación coincidiera en todos los
informantes de la muestra (zona metropolitana, hombres y mujeres,
de 18 a 31 años; la segunda fase del estudio se lleva a cabo con
miembros de la generación de más de 55 años). Los resultados
fueron contundentes: seis tipos diferentes de realización de /ĉ/:

Tipo 1: africado (momento oclusivo + momento fricativo)
Tipo 2: fricativo (sólo momento fricativo)
Tipo 3: africado (con tres momentos: fricativo + oclusivo +
fricativo). Se percibe como africado.
Tipo 4: fricativo: (con dos momentos de fricación, el primero
menos intenso y el segundo más: fricación + fricación).
Se percibe como fricativo.

Tipo 5:   fricativo (con tres momentos de fricación, diferenciados
por su intensidad: fricación + fricación + fricación). Se
percibe como fricativo.

Tipo 6:   africado (con tres momentos: oclusivo + fricativo +
fricativo). Se percibe como africado.

En los contornos estudiados y únicos posibles (inicial y medial) el
tipo de realización que predomina es el primero, sobre todo en
posición inicial. Los tipos 5 y 6 no aparecen en este contorno. Los
tipos percibidos como africados representan en posición medial el
79. 4% del material y el 90% en posición inicial; en consecuencia, los
percibidos como fricativos ascienden al 20. 6% en posición medial y
al 10% en inicial. La duración de la fricación es aproximadamente
la misma en ambas posiciones; la duración de la oclusión, en posición medial, decrece conforme el siguiente orden: sílaba tónica,
después de consonante, sílaba átona. La comparación de estas
africadas con el castellano peninsular indica que la oclusión es
normalmente más larga en las realizaciones peninsulares y la
fricación aproximadamente la misma.

3. 3 Se pensará que la espectrografía se aparta bastante de las
preocupaciones lingüísticas, o que a los más, ayuda a depurar
quisquillosamente la descripción puramente fonética. No pretendo
entrar aquí ni de paso en las viejas discusiones sobre la pertinencia
lingüística de la sustancia fónica; sólo me permitiré subrayar--a
propósito de estos trabajos comentados--que el estudio de Clegg, de
comprobarse su sistematicidad, servirá a los estructuralistas para
rehacer la descripción del sistema vocálico de La Habana (habrá que
dar entrada a un nuevo alófono o a un nuevo caso de fonologización,
si se acepta el contraste significativo entre la cerrazón central y la
realización baja de /a/ en la oposición singular/plural), a los
generativistas los obligará a trabar con diferentes fonones, pues
no bastará con proceder a dar entrada con valor negativo al fonón
tensión, como suele hacerse en los casos de /e, o/ ante segmentos
marcados como [-cons, -voc, -difusión].

Parecida dependencia entre información fonética detallada y
teoría lingüística o descripción del sistema a nivel abstracto se
evidencia en el caso de la /ĉ/. No sólo la descripción dialectal se
enriquece con el descubrimiento de una alofonía tan variada, imposible de descubrir sin la ayuda de aparatos auxiliares de investigación como el espectrógrafo, sino que la presentación del sistema
consonántico exige revisión muy cuidadosa, hágase estructuralmente
o trabájese dinámicamente mediante un sistema de reglas.

4. La dialectología estadística va ganando terreno a medida que el dialectólogo se da cuenta de que la descripción cualitativa no es siempre bastante para caracterizar las unidades dialectales.

4.1 Tracy Terrell comenzó a interesarse por algunos fenómenos del español de Cuba después de haber terminado su tesis doctoral tejana en lingüística diacrónica del español. Tres son los trabajos que recientemente han salido de sus nuevos intereses: una comunicación de 1974, 'The Interaction of Phonological and Grammatical Constraints on Aspiration and Elision in Cuban Spanish, ' otra de enero de este mismo año, presentada al Congreso de la Asociación de Lingüística y Filología de la América Latina, celebrado en Lima, sobre el contexto de la aspiración cubana, y la más reciente, aún en estado de borrador, 'La variación fonética de /r/ y /rr/ en el español cubano'.

Terrell se mueve en un marco teórico generativista, pero ha rechazado los caminos propuestos por Harris, especialmente aquellos que tratan de explicar procesos de debilitamiento como las asimilaciones, y se inclina a las modificaciones generativas propuestas por el profesor de la Universidad de California en Los Angeles, Theo Venneman y aplicadas exitosamente por la profesora de Buffalo, Joan Hooper. Lamentablemente la tesis doctoral de Hooper (1974), de extraordinaria importancia, se encuentra aún inédita, con excepción de algunos cuantos puntos que la autora ha presentado en forma de artículo (1972). Hooper propone una nueva formalización para la representación de la estructura silábica del español, ya que en esta lengua la sílaba es la base principal de la pronunciación. Las consonantes quedan clasificadas según su 'fuerza consonántica' y se organizan en un parámetro de 8 escalas que a su vez sirve de pauta explicativa para la construcción de las posibles sílabas en español. Aquí Hooper retoma ideas de Venneman que había propuesto que se considerara que la fuerza consonantal era en realidad la intersección de varias escalas donde se indican las relaciones en cuanto a fuerza entre las varias consonantes relacionadas entre sí.

Terrell inserta sus puntos de vista sobre la aspiración de /s/ en estos postulados, aunque con ligeras innovaciones: parte de una escala de fuerza consonantal de 5 y paralelamente a ella, traza el recorrido que va desde la realización de la sibilante plena a los diversos tipos de aspiración al cero fonético. Describe formalmente sus premisas advirtiendo que en algunos dialectos la restricción 5 opera de una manera más fuerte y que con sílabas implosivas la consonante tiene que ser una con fuerza menor que cinco, que según el esquema será aspiración o cero fonético.

En estos trabajos exploratorios ve Terrell confirmada su hipótesis de trabajo. Si el origen de la aspiración de /s/ es en efecto un caso de debilitamiento consonántico, debía de haber (a menos que /s/ fuera cero fonético) muestras claras en los índices de aspiración en posición implosiva y en posición final de palabra. Y así fue efectivamente.

Dado que el español se caracteriza por la tendencia a basar la pronunciación y los procesos fonológicos en la sílaba, consideró importante medir el índice de aspiración final de palabra pero en posición implosiva en el grupo fónico. El paralelismo entre los resultados de implosiva interior e implosiva por contacto fueron asombrosos. Con los datos obtenidos en esta muestra exploratoria llega a la conclusión provisional de que lo importante es la posición implosiva y que aquí la aspiración es casi obligatoria, lo que sugiere que la tendencia a usar el grupo fónico como base de los procesos fonológicos es muy fuerte en el español cubano. Terrell mismo se da cuenta de que será necesario ampliar el corpus de análisis y además verificar si esta premisa es cierta en otros procesos de debilitamiento en posición implosiva.

La masa de datos con los que ahora se enfrenta--ya que al español de La Habana se le han unido materiales de San Juan para efectuar estudios contrastivos--es tal que ha acudido a los computadores, y el centro de cálculo de California en Irvine ha implementado un pro-grama para procesarlos. Se trata de un vasto proyecto donde entra en juego variable sexo, nivel generacional, y las dos zonas antillanas. Estamos a la espera impaciente de los resultados.

Con respecto a los segmentos fonológicos /r/ y /rr/, el último de los tres trabajos señalados, Terrell parte de siete realizaciones fundamentales que clasifica así:

rr	r-7	vibrante múltiple: sorda o sonora, de dos o más vibraciones.
ḏ	r-6	fricativa alargada: sorda o sonora, con fricción clara. En algunos casos muy esporádicos hubo alguna asibilación.
r	r-5	vibrante simple: sorda o sonora, una vibración fuerte.
ɾ	r-4	fricativa corta: sorda o sonora, con fricación atenuada.
ɾ	r-3	fricativa débil: con muy poca fricción, un sonido muy débil con poco contacto linguo-alveolar.
h	r-2	aspiración débil: sin contacto linguo-alveolar, apenas se oye un timbre de /r/.
∅	r-1	cero fonético.

Su análisis computarizado le ha permitido establecer las asocia-ciones requeridas entre tipo de realización y las variables: (1) posi-ción en la palabra, (2) posición en la sílaba, (3) sonido que precede, (4) sonido que sigue, y (5) estatus morfémico, para llegar a determinar la relevancia de estos contextos en la selección de variantes. Sus resultados, grosso modo son estos: se mantiene el contraste intervocálico entre alófonos largos (r-7, r-6) y cortos (r-5, r-4), neutralizándose el contraste en el resto de las posiciones, mediante una serie de procesos fonológicos que el autor explica pormenorizadamente; los procesos están condicionados por el contexto fónico, tal y como demuestran las estadísticas arrojadas por el ordenador.

El trabajo es ejemplar, no sólo por sus valores intrínsecos, sino por la aleccionadora comparación con los datos de Cedergren (1973) para Panamá.

4.2 De singularísima importancia es la tesina de Robert M. Hammond (1973); ha sido hecha sobre el dialecto cubano del sur de la Florida, pero sin duda encontramos aquí información aplicable a la isla, amén de jugosas enseñanzas metodológicas. Hammond ha llevado a cabo un conjunto de tests para verificar si en ese dialecto se da el 'desdoblamiento fonológico' de los fonemas vocálicos ante el cero fonético procedente de /s/. Prepara, por una parte, unas pruebas de percepción donde a base de pares mínimos en diferentes contextos posicionales mide la capacidad discriminadora de los sujetos, entre ellos dos de los cuatro utilizados en la grabación de las cintas-estímulo. Los datos son sumamente elocuentes, ya que con excepción de un tipo de posición (patillas/pastillas, buque/busque, etc.) la discriminación no se produce en un porciento satisfactorio. Los resultados estadísticos le llevan a efectuar análisis espectrográficos para saber si existen signos acústicos que determinen la supuesta discriminación y encuentra que, dejando aparte el contraste de longitud vocálica en los casos apuntados antes como excepción, no existe diferencia acústica notable.

Su conclusión es sumanente novedosa puesto que invalida la manoseada tesis del desdoblamiento fonológico para este dialecto del Caribe, y como sospecha Hammond, muy posiblemente para otros de la misma zona. El contraste habrá que ir a buscarlo entonces a factores extrafonológicos e inclusive extralingüísticos. Por otra parte, sus análisis espectrográficos arrojan datos que vienen a comprobar parcialmente lo ya encontrado por Clegg (1967) en un idiolecto habanero: la irrelevancia de diferenciación acústica entre realizaciones vocálicas--/e, o/--que anteceden a la aspiración de /s/ con respecto a otras posiciones de los mismos segmentos.

4.3 También los cerebros electrónicos han venido en ayuda de la dialectología en los recuentos léxicos. Es el caso del Proyecto de estudio del Léxico Básico del español de Puerto Rico. Lo lleva a

cabo el Instituto de Lingüística de la Universidad de Puerto Rico bajo
mi dirección y la de la profesora Morales de Walters. Problemas
teóricos y soluciones posibles, más toda la intrincada metodología
de trabajo, con aplicación específica al español, son presentados por
extenso en la tesis doctoral de la Sra. Morales de Walters pronta a
presentarse en Río Piedras.

En resumen, se siguen los postulados teóricos de Juilland, aunque
revisadísimos por Muller y otras autoridades en lexicoestadística.
Se han respetado los mundos léxicos utilizados por Juilland y sus
dimensiones, pero se han hecho importantes modificaciones en otros
aspectos. El Centro de Cómputos de la Universidad trabaja en las
frecuencias, se está preparando el post editing y se revisan las
fórmulas de ponderación de frecuencia y dispersión.

Cuando esté listo el léxico básico, dada la representabilidad de la
muestra textual y los adecuados índices de uso, tendremos un material
riquísimo, que no sólo nos servirá para describir léxicamente el
dialecto puertorriqueño en general sino que será base para análisis
de densidad de anglicismos, indigenismos, etc. para no insistir en
la importancia que también tendrá para el estudio de estructuras
morfológicas y de aplicación lingüística.

Al fin, podremos desechar los conteos fantasmas de anglicismos y
de indigenismos y situar en su correcta perspectiva los materiales de
los diccionarios de estos términos, casi siempre concebidos con
propósito exhaustivo y sin prestar la menor atención a limitaciones
diacrónicas, diatópicas y de uso real. El Léxico básico del español
de Puerto Rico, y la serie de monografías que de él deriven, ha de
duplicarse en otros dos proyectos del mismo Instituto para etapas
venideras, los Léxicos básicos de Cuba y de la República Dominicana.
Con estos estudios terminados, el dialectólogo podrá lanzarse a
explorar las estructuras léxicas del Caribe insular hispánico.

5. He dejado cuidadosamente aparte varios temas: las investigaciones de lingüística aplicada, que pueden revestir interés dialectal, pues al establecer contrastes entre la lengua materna y la
extranjera con fines pedagógicos, a veces se cosechan fructíferos
datos sobre el dialecto en cuestión; tal es el caso de los trabajos de
entonación contrastiva de Rose Nash para Puerto Rico.

Tampoco he entrado en sociolingüística y eso por dos motivos. En
primer lugar es poquísimo lo que conozco sobre zonas hispánicas de
las Antillas: la tesis de Vallejo (1970) ya citada sobre Cuba, otra
tesis de W. G. Milán (1974) sobre Puerto Rico, una exploración-
muestra sobre conciencia de dialectos verticales y los síntomas de
apreciación hecha por nuestro Instituto en el barrio de La Perla, una
monografía sobre actitud lingüística hacia la realización velarizada
de /r̄/ en San Juan, y un análisis en proceso sobre disponibilidad

léxica de escolares en relación con el espectro sociocultural de San Juan. [8] Pero, además, las discusiones teóricas sobre el alcance y los objetivos mismos de la sociolingüística nos habría de llevar por fuerza demasiado lejos, y más ahora cuando la confusión no puede ser mayor y se presenta apoyada por importantes especialistas.

Otro punto que ha quedado en el tintero es lo relativo a la dialectología diacrónica. Hay trabajos sobresalientes--acaba de reeditarse el importantísimo libro de Alvarez Nazario El elemento afronegroide en el español de Puerto Rico, con una revisión a fondo de casi todos sus apartados e innovaciones de envergadura, pero estos trabajos-- al menos los que conozco--difícilmente podrían entrar bajo el título de 'Nuevas tendencias', ni siquiera los planteos y las polémicas que han comenzado--y que continuarán--con respecto a la existencia de lenguas criollas en el ámbito hispánico antillano. El trabajo de Otheguy (1973) es una seria llamada a estas consideraciones, que ya han hecho tambalear ciertos juicios apresurados de Germán de Granda.

Los proyectos para el futuro son muchos y cada día tengo más noticias de entusiastas dialectólogos que se lanzan al estudio del Caribe hispánico; es de suponer que dentro de unos años más, la triste situación de terra incognita que ofrecíamos, quede muy satisfactoriamente superada.

NOTAS

1. En el caso particular de Cuba, a los 45 títulos que aparecen bajo el epígrafe Cuba hay que añadir otro encontrado bajo Indigenismos, 6 más bajo Lenguas indígenas de América, otro más bajo Lexicografía (general), y quizá aparezcan otros en algún inusitado lugar; todo esto sin referencias, naturalmente.

2. Véase mi reseña de la obra de Huberman en el próximo número del Anuario de Letras de la Universidad Nacional Autónoma de México.

3. No existe--que yo sepa--bibliografía lingüística reciente para la República Dominicana, pero Maximiliano A. Jiménez Sabater acaba de publicar su tesis madrileña, muy retocada y ampliada, Más datos sobre el español de la República Dominicana, que actualiza admirablemente la vieja información de Henríquez Ureña.

4. López Morales (1971:162-163).

5. Consúltese, en el próximo número de la Revista de Estudios Hispánicos (Río Piedras), un detallado artículo reseña sobre la obra de Navarro: 'Un capítulo de lingüística puertorriqueña; El español en Puerto Rico de Navarro Tomás'.

6. Para información detallada sobre el Proyecto, cf. J. M. Lope Blanch (1969).

7. Se trata de la primera parte del segundo tomo del Cuestionario
(1972), específicamente las pp. 119-122, 128-130.

8. A esta nómina breve--y sin duda incompleta--hay que añadir
la tesis de Francisco Betancourt 'Sociolinguistic correlates to speech
styles in Arecibo', presentada recientemente a la Universidad de
Texas.

REFERENCIAS BIBLIOGRAFICAS

Alvarez Nazario, M. 1974. El elemento afronegroide en el español
de Puerto Rico. San Juan, Instituto de Cultura Puertorriqueña.

Castellanos, M. C. 1968. English lexical and phonological influences
in the Spanish of Cuban refugees in the Washington metropolitan
area. Tesis inédita, Georgetown University.

Cedergren, H. 1973. The interplay of social and linguistic factors
in Panama. Tesis inédita, Cornell University.

Clegg, J. H. 1967. Análisis espectrográfico de los fonemas /a e o/
en un idiolecto de La Habana. Tesina inédita, University of Texas.

Colhoun, E. R. 1967. Local and non-local frames of reference in
Puerto Rican dialectology. Tesis inédita, Cornell University.

Coseriu, E. 1968. 'General perspectives' en Ibero-American and
Caribbean linguistics, vol. IV de Current trends in linguistics.
The Hague-Paris, Mouton, pp. 4-62.

Cuestionario. 1972. Cuestionario para el estudio coordinado de la
norma lingüística culta, II, Morfosintaxis 1. Madrid, Departa-
mento de Geografía Lingüística, Consejo Superior de Investigaciones Científicas.

Guitart, J. 1976. Markedness and a Cuban dialect of Spanish.
Washington, D.C., Georgetown University Press.

Haden, E. y J. Matluck. 1973. 'El habla culta de La Habana:
análisis fonológico preliminar', Anuario de Letras, 11, pp. 5-33.

Hammond, R. M. 1973. An experimental verification of the phonemic status of open and closed vowels in Spanish. Tesina
inédita, Florida Atlantic University.

Henríquez Ureña, P. 1940. El español en Santo Domingo, Biblioteca
de Dialectología Hispanoamericana, Buenos Aires.

Hooper, J. 1972. The syllable in phonological theory. Lg. 48.525-
40.

Hooper, J. 1974. Aspects of natural generative phonology. Tesis
inédita, University of California at Los Angeles.

Huberman, G. 1973. Mil obras de lingüística española e hispanoamericana; un ensayo de síntesis crítica. Madrid, Plaza Mayor.

Išbaşescu, C. 1968. El español en Cuba. Observaciones fonéticas
y fonológicas. Bucarest, Sociedad Rumana de Lingüística
Románica.

Jiménez Sabater, M. A. 1975. Más datos sobre el español de la República Dominicana. Santo Domingo, Ediciones INTEC.

Juilland, A. G. y E. Chang-Rodríguez. 1964. Frequency dictionary of Spanish words. The Hague, Mouton.

Kreidler, Ch. 1958. A study of the influence of English on the Spanish of Puerto Ricans in Jersey City. Tesis inédita, University of Michigan.

Lamb, A. 1967. A phonological study of the Spanish of Havana. Tesis inédita, University of Kansas.

Lope Blanch, J. M. 1968. Hispanic Dialectology, en Ibero-American and Caribbean linguistics, vol. IV de Current trends in linguistics. The Hague, Mouton, pp. 106-157.

Lope Blanch, J. M. 1969. El Proyecto de estudio coordinado de la norma lingüística culta de las principales ciudades de Iberoamérica y de la Península ibérica; su desarrollo y estado actual, en El Simposio de México: Actas, informes y comunicaciones. México, Universidad Nacional Autónoma de México, pp. 222-233.

López Morales, H. 1971a. El español en Cuba: situación bibliográfica, en Estudios sobre el español de Cuba. New York, Las Americas-Anaya, pp. 143-163.

López Morales, H. 1971b. Fricativas y cuasifricativas no aspiradas en el español de Cuba, en Estudios sobre el español de Cuba. New York, Las Americas-Anaya, pp. 114-127.

López Morales, H. 1971c. Neutralizaciones fonológicas en el consonantismo final del español de Cuba, en Estudios sobre el español de Cuba. New York, Las Américas-Anaya, pp. 128-135.

Malkiel, Y. 1968. Hispanic Philology, en Ibero-American and Caribbean linguistics, vol. IV de Current trends in linguistics. The Hague, Mouton, pp. 158-228.

Milán, W. G. 1974. Patterns of sociolinguistic behavior in Puerto Rican Spanish. Tesis inédita.

Navarro Tomás, T. 1948. El español en Puerto Rico. Río Piedras, Editorial Universitaria.

Nuessel, F. H., Jr. 1974. A bibliography of generative-based grammatical analysis of Spanish. Lenguaje y Ciencias. 14. 105-125.

Otero, C. P. 1973. Agrammaticality in performance. Linguistic Inquiry 4. 551-562.

Otheguy, R. 1973. The Spanish Caribbean: A creole perspective, en C. -J. N. Bailey y R. W. Shuy, eds., New ways of analyzing variation in English. Washington, D. C., Georgetown University Press.

Pichardo, E. 1836. Diccionario provincial de voces cubanas. Matanzas. (Hay ediciones posteriores de 1849, 1861, y 1875).

Revista de Estudios Hispánicos. 1971. El español en Puerto Rico: bibliografía, Revista de Estudios Hispánicos, 1-2, pp. 111-124.

Quilis, A. y M. Vaquero. 1973. Realizaciones de /ĉ/ en el área metropolitana de San Juan de Puerto Rico, Revista de Filología Española, 56, pp. 1-52.

Salcines, D. 1967. Phonetic contrasts in two dialects of Cuba. Tesina inédita, Georgetown University.

Saporta, S. 1965. Ordered rules, dialect differences, and historical processes. Lg. 41. 218-224.

Serís, H. 1964. Bibliografía de la lingüística española. Bogotá, Instituto Caro y Cuervo.

Solé, C. A. 1970. Bibliografía sobre el español en América, 1920-1967. Washington, D. C., Georgetown University Press.

Solé, C. A. 1972. Bibliografía sobre el español en América: 1967-1971, Anuario de Letras, 10, pp. 253-288.

Terrell, T. 1974. The interaction of phonological and grammatical constraints on aspiration and deletion in Cuban Spanish. Monografía inédita.

Terrell, T. 1975a. Aspiración y elisión en el español de Cuba; implicaciones para una teoría dialectal. Aparecerá en las Actas del IV Congreso de ALFAL, Lima.

Terrell, T. 1975b. La variación fonética de /r/ y /rr/ en el español cubano. Monografía inédita.

Vallejo, B. 1970. La distribución y estratificación de /r/, /r̃/ y /s/ en el español cubano. Tesis inédita, University of Texas.

Vázquez, I. 1973. Construcciones de gerundio en el habla culta de San Juan. Tesina inédita, Universidad de Puerto Rico.

Weinreich, U. 1954. Is a structural dialectology possible? Word. 10. 260-280.

SIBILANT DEVELOPMENT IN MODERN CATALAN

DEBORAH M. REKART

University of Florida

In Spain, Catalan is currently spoken by nearly six million people in Cataluña, Valencia, and the Balearic Islands. It is also spoken by almost a half-million inhabitants of French Rousillon, Andorra, and Alghero, Sardinia (Azevedo 1973).

Catalan is composed of the following dialects and subdialects, according to the Catalan grammarian, Antonio Badía (1951).

I. Eastern Catalan
1. Central: barcelonés, salat, tarraconense, xipella
2. Balear: mallorquín, manacorín, menorquín, ibicenco
3. Rosellonés: capcinés
4. Alguerés
II. Western Catalan
1. Leridano: andorrano, pallarés, ribagorzano, tortosino
2. Valenciano: castellonense, apitxat, alicantino, mallorquín

These dialects differ in various ways; one way is with regard to sibilants. The dialects and subdialects can be shown to represent different historical stages in the development of the sibilants from Latin. An inventory of all the sibilants which appear in Catalan today consists of: s, z, š, ž, č, ǰ. The first section of this paper deals with the development of modern /s/ and /z/; the second part discusses Catalan /š/; and the last section is concerned with the evolution of Latin /y/ to modern Catalan /ž/, and to modern Catalan /ǰ/ and /č/.

109

FIGURE 1. Dialects and subdialects of Catalan.
Adapted from Gramática histórica catalana by
Antonio Badía-Margarit (1951).

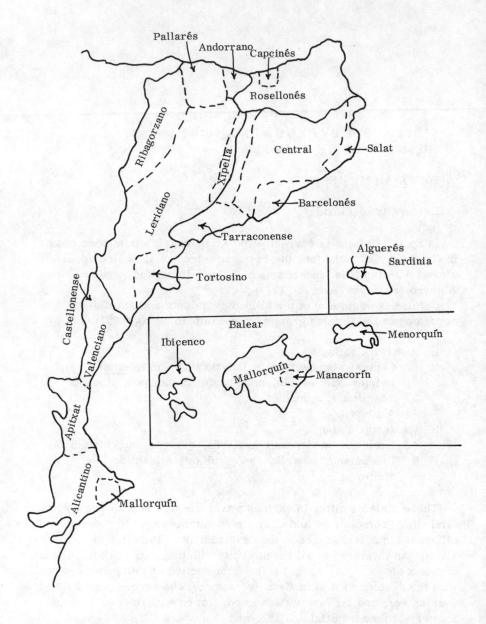

1.0 The development of Catalan /s/ and /z/. The /s/ and /z/ of modern Catalan have developed from two major sources: (1) Classical Latin -SS- and -S-; and (2) Vulgar Latin $C^{i, e, y}$ and T^y.

1.1 Latin /s/. There are four relevant points to be made with regard to the development of Latin /s/. (1) It is a controversial issue whether Latin /s/ was dental or alveolar. For an extensive discussion, see Galmés (1962). (2) There was no voiced counterpart to /s/ in Classical Latin; /z/ developed in Vulgar Latin. (3) Classical Latin -SS- and -S- corresponded to /s/ and /z/, respectively, in Vulgar Latin as well as in modern Catalan.

Latin	Modern Catalan
CAUSA	kóza[1] 'thing'
MISSA	mísa 'Mass'

The following set illustrates the development from -SS- and -S- to /s/ and /z/ in Vulgar Latin.

Classical Latin:	CAUSA 'thing'	MISSA 'mass'
Irrelevant changes	kósa	míssa
Voicing	kóza	---
Degemination	---	mísa
Vulgar Latin	kóza	mísa

(4) In valenciano apitxat the difference between /s/ and /z/ is neutralized to /s/.

Latin	Apitxat	Western Catalan-elsewhere
CAUSA	kósa	kóza
MISSA	mísa	mísa

1.2 $C^{i, e, y}$ and T^y. The second source of /s/ and /z/ in modern Catalan is Latin $C^{i, e, y}$ (the velar voiceless stop followed by a palatal) and T^y. Actually, only /s/ appears regularly; /z/, although prevalent at an earlier historical stage, has disappeared or vocalized in most instances in the modern language and appears regularly only in the more 'conservative' dialects.

Latin [k] and [t] became palatalized before a palatal segment ([k] before [i], [e], or [y], and [t] before [y]) and although the palatalization of [k^y] occurred earlier than that of [k^{i, e}], these changes will be grouped together for convenience.

(1) $\begin{Bmatrix} [k^{i,\,e,\,y}] \\ [t^y] \end{Bmatrix} > \begin{Bmatrix} [k,\,] \\ [t,\,] \end{Bmatrix}$

During the Imperial Era, [k,] came to be pronounced [č]. The Western dialects of modern Catalan still retain [č] in a few forms such as Latin CIMICE > Catalan [čínča] xinxa 'bedbug'.

(2) [k,] > [č]

There are examples dating from the beginning of the third century A. D. of [č] > [tˢ] and although [tʸ] > [tˢ] occurred even before the assibilation of [kʸ], these changes will be treated together here.

(3) $\begin{Bmatrix} [č] \\ [t^y] \end{Bmatrix} > [t^s]$

Intervocalic voicing did not occur until after the development of [tˢ], according to Badía. Thus,

(4) [tˢ] > [dᶻ] / V__V

Schematically, the changes discussed thus far are as follows:

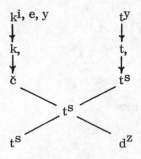

The evolution of the following forms illustrates these changes.

Latin:	FALCE 'sickle'	PACE 'peace'	FORTIA 'strength'	RATIONE 'reason'
Irrelevant changes	fálke	páke	fórtʸa	r̄atʸó
(1)	fálk, e	pák, e	fórt, ʸa	r̄at, ʸó
(2)	fálče	páče	---	---
(3)	fáltˢe	pátˢe	fórtˢa	r̄atˢó
(4)	---	pádᶻe	---	r̄adᶻó
		(3rd century)		(1190–1210)

Both [t^s] and [d^z] are preserved in modern Catalan only occasionally, as in forms such as:

dód^{z}e dotze 'twelve'
tréd^{z}e tretze 'thirteen'
gad^{z}ára gatzara 'outcry'

Intervocalic [t^s] did not always voice to [d^z] as in the previous examples. Consider the following forms:

Latin	Catalan	Date of text
FACIE	> fát^{s}a 'face'	1043–1117
*BRACIŬ	> brát^{s}o 'arm'	1067
PLATEA	> plát^{s}a 'square'	1043–1117

Francisco de B. Moll states (1952:146):

CY intervocálico . . . ha dado s̲ sorda . . . TY procedido de vocal y postónico . . . si no ha resultado final ha pasado a ç o s̲s̲ sorda.

While plausible, this statement is incorrect since Latin T^y and [k^y] were not really in intervocalic position, as the following quote from Lausberg (1970:386–7) indicates:

Ante [i̯] generalmente se duplica la consonante en latín vulgar . . . La duplicación consonántica da origen a *[tti̯] . . . que en la Romania occidental y oriental evoluciona a [tt^s].

Accordingly, the evolution of Latin FACIE, *BRACIŬ, and PLATEA is as follows:

Latin:	FACIE 'face'	*BRACIŬ 'arm'	PLATEA 'square'
Duplication	fák-k^{y}e	brák-k^{y}o	plát-t^{y}a
(1)	fák-k, ^{y}e	brák-k, ^{y}o	plát-t, ^{y}a
(2)	fák-ča	brák-čo	---
Assimilation	fát-ča	brát-čo	---
(3)	fát-t^{s}a	brát-t^{s}o	plát-t^{s}a
(4)	---	---	---
Degemination	fát^{s}a	brát^{s}o	plát^{s}a
	(1043–1117)	(1067)	(1043–1117)

1.2.1 Development of [t^S] and [d^Z]. [t^S] and [d^Z] did not follow a similar course of development and, therefore, each is discussed separately.

1.2.1.1 Development of [t^S]. The only change that [t^S] underwent was deaffrication: [t^S] > [s]. Russell–Gebbett (1965:34) says that the general deaffrication of [t^S] in Catalan may be tentatively assigned to the late thirteenth century. The following pair of terms, taken from medieval manuscripts, illustrates the effect of deaffrication (Russell 1965).

Spelling	Pronunciation	Date of text
faça	fát^{S}a 'face'	1043–1117
fassas	fásas 'faces'	Late 13th century

1.2.1.2 Development of [d^Z]. Galmés (1962:99–100) presents data showing that the affricate [d^Z] must have simplified by the thirteenth century since it was lost completely after that, as samples of texts dated after the thirteenth century show.

(5) 'La cuina (<coq(u)ina) on hom adoba de menjar.' (Ramon Llull)
(6) 'E qui ab Deu fasses faenes (<facendas), no les pot mal fer.' (Jaime I)
(7) 'De goig que havien, nul hom no feya (<facebat) faena ne jornal.' (R. Muntaner)

Corominas traces the development of [d^Z] > [ð], merging with [ð] from intervocalic -D- in Latin (Russell-Gebbett 1965). Actually, it is probable that an intermediate stage existed: d^Z > *d^ð > ð.

The change from [d^Z] > [ð] is illustrated by the following forms taken from medieval texts.

Date of text:
Latin: RATIONE 'reason' r̄ad^{Z}ó 1190–1210
r̄aðó ⎰1190–1210
⎱1215–1230
1241

1.2.2 Development of [ð].

1.2.2.1 Final position. [ð] as well as [β] vocalized to [w]. The following examples are taken from de B. Moll (1952:146).

Latin	Modern Catalan	
DĒBET	[déw]	deu 'debt'
NOVU	[nów]	nou 'new'

Latin   Modern Catalan
SEDET   [séw] seu 'seat, cathedral'
PEDE   [péw] peu 'foot'
PACE   [páw] pau 'peace'
VOCE   [béw] veu 'voice'

Vocalization of [ð] and [β] to [w] still occurs in modern Catalan as a synchronic rule. Consider the following pairs of forms:

[nów] 'new (masc.)'   [nóβa] 'new (fem.)'
[séw] 'his'   [séβa] 'her'
[péw] 'foot'   [peðestremén] 'on foot'
[déw] 'debt'   [deβém] 'we owe'

These related forms can only be explained if underlying /ð/ and /β/ are posited for the forms in the left-hand column. Thus, [nów], [séw], [péw], and [déw] have underlying forms /nóβ/, /séβ/, /péð/, and /déβ/, respectively, and the surface forms are attained by a vocalization rule which turns the fricatives into the semi-vowel [w] in final position. Consider the following derivations which illustrate the application of the vocalization rule on some of the aforementioned underlying forms.

	/péð#/	/séβ#/	/séβ+a#/	/déβ#/	/déβ+e+m#/
Vocalization	péw#	séw#	---	déw#	---
	[péw]	[séw]	[séβa]	[déw]	[déβem]
	'foot'	'his'	'her'	'debt'	'we owe'

1.2.2.2 Medial position. Intervocalic [ð] > [z]. Evidence is found in literary Catalan which supports the hypothesis that [ð] > [z] (Badía 1951:181):

Latin   Catalan
ALANDULA > *ALAUDA   [alóza] 'lark'
INCLUDINE   [inklúze] 'anvil'
LAMPĒTRA > *LAMPREDA   [yampréza] 'lamprey'

Note that the [z] in the Catalan forms corresponds to intervocalic -D- in the Latin forms. Thus, -D- > ð > z.

Further possible supporting evidence to show that ð > z is found in spelling errors from medieval texts (Badía 1951:181).

Latin	Error		Correct	
*FACĒBAT	fazia	written for	fadia	'he was doing (Imp. Indic.)'
PLACERE	plazer	written for	plader	'pleasure'
*PRETIANT	prezen	written for	preden	'they omit (Pres. Subj.)'

The letter z appears in place of the correct letter d, possibly reflecting a change in pronunciation from [ð] to [z]. The correct spelling can be seen to reflect the older pronunciation, while the incorrect spelling can be seen to reflect the innovation.

The historical stage at which [z] was prevalent is preserved in the modern subdialect of Capcinés, which is said to represent the medieval Rosellonés dialect of Catalan. All other dialects of Catalan have lost the intervocalic [z] under discussion, i.e. $z > \emptyset \,/\, V\_V$:

Latin	Capcinés	Elsewhere	
VICĪNU	bezí	beí	'neighbor'
SPATIU	espázi	espái	'sword'
SUDĀRE	suzá	suá	'to sweat'

This ends the discussion of the evolution of [dᶻ]. The changes regarding the development of [tˢ] and [dᶻ] can be schematically represented as follows:

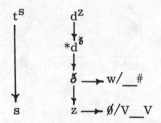

2.0 The evolution of Catalan /š/. Historically, the Latin cluster [sk] palatalized before a front vowel to the fricative [š] through the process sk > ks > ys > yš > š (Badía 1951:195). Russell (1965:34) cites the following forms from medieval texts:

Latin		Catalan	Date
*ASCĬATA	>	aixata[2] 'adze'	A.D. 900
PŎSTĬUS	>	pux 'thereafter'	late 12th–early 13th century
DĬXĔRUNT	>	dixren 'they said (Pret.)'	1215–1230
VASCĔLLOS	>	vexels 'vessels'	1242

The series of changes which resulted in modern Catalan /š/ is the direct result of the application of the following ordered processes: 'metathesis' caused [sk] > [ks], thus providing the proper environment for 'vocalization' to apply, causing [ks] > [ys]; then, [ys] > [yš] by 'palatalization'. Metathesis, vocalization, and palatalization will be discussed in detail in the following paragraphs.

2.1 Metathesis operated to change s(k)(y) > (y)(k)s, that is:

(8) $\begin{Bmatrix} sk \\ sy \\ sky \end{Bmatrix} > \begin{Bmatrix} ks \\ ys \\ yks \end{Bmatrix}$

For example:

Latin	PĬSCIS	*BASSIA	ASCIA
	'fish'	'fall'	'ax'
Unrelated changes	péske	básya	áskya
Metathesis	*pékse	*báysa	*áyksa[3]

2.2 Vocalization applied to such intermediate forms, changing [ks] clusters to [ys]:

	*pékse	*áyksa
Vocalization	péyse	áyysa
Coalescence	---	áysa
Apocope	péys	---
	péys	áysa

This stage, which occurred during the fifteenth century, is still preserved in modern southern alicantino and in the valenciano of the city of Valencia (Badía 1951:195).

(9) Vocalization: k > y / __ $ ([k] vocalizes to [y] before a syllable break)

Vocalization is most conveniently stated in terms of syllable structure because it applies to [ks] as well as [kt] clusters which have the syllable break after the [k] (as in pék-se and lák-te).[4] Except for [ks] and [kt], all consonantal clusters in which [k] is the first member have the syllable break before (not after) the [k] (such as [kl] and [kr]); such clusters were not subject to the application of vocalization.

2.3 Palatalization. [s] palatalized after a palatal.

(10) s > š / y __

The evolution of Latin PĬSCIS, *BASSIA, and ASCIA illustrate the process of palatalization:

Latin:	PĬSCIS	*BASSIA	ASCIA
	'fish'	'fall'	'ax'
Unrelated changes	péske	básya	áskya
(1) Metathesis	pékse	báysa	áyksa
(2) Vocalization	péyse	---	áyysa
Coalescence	---	---	áysa
Apocope	péys	---	---
(3) Palatalization	péyš	báyša	áyša

This stage of development is preserved in the leridano, valenciano, and tarraconense dialects of modern Catalan (Badía 1951: 195). In all other dialects, palatalization was followed by Y-deletion, that is:

(11) y > ∅ / __ š

(12)	péyš	báyša	áyša
	péš	báša	áša

2.4 The processes which have just been described in the development of Latin [sk] to modern Catalan [š] also occur synchronically. Examine the following paradigms of the verbs crèixer and merèixer in the Central dialect as spoken in Barcelona (Lleó 1970:17).

Inf.	[kréšə] 'to grow'	[mərέšə] 'to deserve'
2sg.	[kréšəs] 'you grow'	[mərέšəs] 'you deserve'
3sg.	[kréš] 'he grows'	[mərέš] 'he deserves'
1pl.	[krəšέm] 'we grow'	[mərəšέm] 'we deserve'
Past part.	[krəskút] 'grown'	[mərəskút] 'deserved'

Other verbs such as [néšə] 'to be born' and [kunέšə] 'to know' also belong to this class.

Compare the synchronic: P.p. [krəskút] : 1-pl. [krəšέm]
to the diachronic: LAT. [pískis] : Cat. [péš]

3.0 The development of Latin /y/. Russell (1965:35) states: '-BĬ-, -VĬ-, -DĬ-, -GĬ-, -G-, and -J- all evolved via Vulgar Latin

[y] to Old Catalan affricate [ǰ].' He gives the following attested examples:

Latin		Old Catalan	Date of text
PŎDĬU	>	Pujo 'hill'	A. D. 839
CORRĬGĬU	>	choreg 'leather strap'	First half 12th century
HABĔANT	>	agen 'having'	1190–1210
DE(JE)JUNAVIT	>	dejuná 'he fasted (Pret.)'	Late 12th or early 13th century
VĬDĔO	>	veyg 'I see (Pres. Indic.)'	Late 13th century
VIR(I)DĬARĬU	>	verger 'fruit garden'	Late 13th or early 14th century

3.1 Latin g$^{i, e, y}$, d^y, and b^y became [y]:

(a) g > y/ __ y, i, e   That is, gy > *yy > y
                                          gi > *yi > y
                                          ge > ye

(b) $\begin{Bmatrix} d \\ b \end{Bmatrix} > \emptyset /$ __ y   That is, dy > y
                                          by > y

The development of the following forms illustrates these changes:

	GĔLŬ 'ice'	DIŬRNU 'day'	RŬBĔU (f.) 'red'	JŬNCU[5] 'reed'	PODIARE 'to ascend'
Unrelated changes	gél	dyórn	r̄óbya	yónk	podyá
(a)	yél	---	---	---	---
(b)	---	yórn	r̄óya	---	puyá

This stage is preserved in the modern Catalan dialects of Ribagorza, Pallarés, and Conca de Tremp.

3.2 Development of [y] to [ǰ]. [y] underwent affrication and developed into the Old Catalan affricate [ǰ]. Badía (1962) and de B. Moll (1952) both posit an intermediate stage, [ŷ], [6] that is, y > ŷ > ǰ . . .

	yél	yórn	r̄óya	yónk	puyá
y > ŷ	ŷél	ŷórn	r̄óŷa	ŷónk	puŷá
y > ǰ	ǰél	ǰórn	r̄óǰa	ǰónk	pujá

These forms occurred in fifteenth century Catalan and still occur
today in modern valenciano (not <u>apitxat</u>) and in leridano.

3.3 Old Catalan [ǰ]. Badía (1962) states that in the medieval
period, [ǰ] was 'seguramente habitual en la lengua'. It is postulated
that only [ǰ] existed in medieval Catalan (alongside [y] in ribagorzano,
pallarés, and the dialect of Conca de Tremp) since [ǰ] occurs almost
without exception in the Balearic dialect which is considered to be
representative of fifteenth century Catalan. A. Griera (1965:107)
states:

> Nos encontramos con una lengua catalana del siglo XV. Sus
> evoluciones fonéticos, su morfología, su léxico son típicos
> del catalán medieval.

Russell (1965:35) states that [ǰ] also developed from Romance
[dy] as in -ATĬCU (>adyo). Judging from Old Catalan spellings, he
considers the [ǰ] from such secondary groups to be 'more stable' than
that of [ǰ] from primary groups. He gives the following forms from
medieval texts:

Latin	Old Catalan	Date of text
MISSAGIU+ATĬCU	> missadges 'messengers'	1039–1131
STATUS+ATĬCU	> estadga 'right of hos- pitality'	1039–1131
SALVATĬCU	> salvatges 'savages'	1271
SOLUM+ATĬCU	> solatge 'proportion of harvest due to the lord'	c. 1283–1284
JUDICARE	> jutgar 'to judge'	1283–1295

3.4 Development of [ǰ]. Badía (1962) states that [ǰ] (from primary
groups) has been preserved in Central Catalan only occasionally, as
in absolute initial position and in emphatic speech. Thus, in Central
Catalan there is a synchronic rule in operation: ǰ⟶ž.

The word for 'sister' in Central Catalan, [žərmánə] becomes
[ǰərmánə]initially or in emphatic speech. But only [ž] occurs in a
phrase like <u>la meva germana</u> 'my sister' [lə mɛβə žərmánə].

ǰ⟶ž occurred as an historical change in the dialect of Rosellonés.
That is, it applied to every instance of [ǰ] so that only [ž] now appears:

	ǰél	ǰórn	r̄óǰa	ǰónk	puǰá
ǰ > ž	žél	žórn	r̄óža	žónk	púža

ǰ > ž has also applied to the dialects of northern Castellón,
Tortosa, and the region of Priorate with a slight modification, i. e.

in some cases [ž] is preceded by [y] as in the word for 'red' [r̄óyža] cited in tortosino.

In Valenciano <u>apitxat</u> [ǰ] devoiced to [č] in every case. Thus, [ǰél] > [čél], [puǰá] > [pučá], etc. Devoicing also applies synchronically to all dialects--but only in final position. So [ǰél], where [ǰ] occurs in initial position, does not change; but compare fem. [r̄óǰa]: masc. [r̄óč] 'red'.

The following forms illustrate the change ǰ > č:

Valenciano apitxat				
ǰél 'ice'	ǰórn 'day'	ǰónk 'reed'	puǰá 'to ascend'	r̄óǰa (f.) 'red'
čél	čórn	čónk	pučá	r̄óča
All dialects[7]				
r̄óǰ (m.) 'red'	r̄áǰ 'ray'			
r̄óč	r̄áč			

NOTES

1. According to Antonio Badía (1951), Vulgar Latin stressed vowels: u, closed o, open o, i, closed e, open e, and a remain in Western Catalan while in Eastern Catalan closed e became open e. Major differences exist with regard to the development of unstressed vowels: unstressed u, closed o, open o, i, closed e, open e, and a in Vulgar Latin remain in Western Catalan. However, in Eastern Catalan, u, open o, and closed o of Vulgar Latin merged to u; closed e, open e, and a merged to ð, and i remained unchanged. The Central dialect is similar to Eastern Catalan except that closed e, open e, and a merged to closed e.

For clarity, vocalic representations in this paper follow those of Western Catalan in which no modifications were introduced after the Vulgar Latin period. Furthermore, since it is irrelevant to the development of sibilants, no distinction is made here with regard to open and closed vowels; open e and closed e are simply e, and closed o and open o are o.

2. The letter x is pronounced [š].

3. An asterisk here indicates an intermediate stage rather than an unattested or incorrect form.

4. Consider the development of Latin LACTE 'milk':

	lák-te
Vocalization and Raising	léy-te
Apocope	léyt (1283-1284)

5. Latin j was pronounced [y].

6. [ŷ] is an affricated [y].

7. All dialects except Ribagorzano, Pallarés, and Conca de Tremp.

REFERENCES

Alcover-Suredo, Antoni Maria, et al. 1968. Diccionari Catalá-
Valencià-Balear. 2nd ed. Palma de Mallorca.
Azevedo, Milton M. 1973. Review of: Conflicte lingüístic valencià
and Idiomai prejudici by Rafael Luis Ninyoles. Lg. 49. 733-36.
Badía-Margarit, Antonio M. 1951. Gramática histórica catalana.
Barcelona, Editorial Noguer, S. A.
de B. Moll, Francisco. 1952. Gramática histórica catalana.
Madrid, Biblioteca Románica Hispánica, Editorial Gredos.
Galmés de Fuentes, A. 1962. Las sibilantes en la romania.
Madrid, Editorial Gredos.
Griera, A. 1949. Dialectología catalana. Barcelona, Escuela de
Filología.
Harris, James W. 1969. Spanish phonology. Cambridge, Mass.,
The MIT Press.
Kent, Roland G. 1932. The sounds of Latin. Baltimore, Waverly
Press, Inc.
Lapesa, Rafael. 1968. Historia de la lengua española. 7th ed.
Madrid, Escelicer, S. A.
Lausberg, Heinrich. 1970. Lingüística románica. Madrid, Edi-
torial Gredos.
Lleó, Concepción. 1970. Problems of Catalan phonology. Master's
thesis. Seattle, University of Washington.
Meyer-Lübke, W. 1968. Romanisches etymologisches Wörterbuch.
Heidelberg, Carl Winter Universitätsverlag.
Rekart, Deborah M. 1974. The history of the sibilant system in
Catalan 'Apitxat'. Master's thesis. Rochester, The University
of Rochester.
Rekart, Deborah M. 1975. Adjective formation in Catalan.
Unpublished paper.
Russell-Gebbett, P., ed. 1965. Mediaeval Catalan linguistic texts.
Oxford, The Dolphin Book Co., Ltd.
Vallés, E. 1962. Pal-las Diccionari Català Il-lustrat. 9th ed.
Barcelona, Massanes.

THEORETICAL BASIS FOR THE DEVELOPMENT OF THE LANGUAGE ARTS CURRICULUM IN BILINGUAL PROGRAMS

CARMEN SANCHEZ SADEK
University of Southern California

JACQUELINE M. KIRAITHE
California State University, Fullerton

Ralph Tyler (1969)[1] has proposed that in developing any curriculum or plan of instruction, four fundamental questions must be answered. These are: (1) What educational purposes should the school seek to attain? (2) What educational experiences can be provided that are likely to attain these purposes? (3) How can these educational experiences be effectively organized? (4) How can we determine whether these purposes are being attained?

To answer the first question--what educational purposes should the school seek to attain?--Tyler suggests consulting three basic sources of information from which purposes or educational objectives may be derived. These sources are: (a) studies on contemporary society; (b) studies about learners; and (c) subject matter specialists, that is, specialists in the fields of study traditionally recognized-- mathematics, physics, English, Spanish, etc.

In this paper we propose to analyze how the curricular question of purposes or educational objectives is generally answered by Language Arts Specialists. We then present two ideas which may help in better answering this question and offer some suggestions on the specific objectives or purposes which may be derived from these two ideas.

Traditionally, Language Arts Curriculum Specialists have answered the question of educational purposes or objectives in terms of skills. They have said that the development of skills in Listening

Comprehension, Speaking, Reading, and Writing should be the main objectives of the Language Arts Curriculum. For the purposes of organizing the curriculum, Language Arts Specialists generally conceive these four broad skill categories as comprising more specific content areas. Reading, for example, is divided into 'decoding', 'vocabulary comprehension', etc. Speaking includes 'diction', 'declamation', 'rhetoric', etc.

We propose that, indeed, the development of skills in Listening Comprehension, Speaking, Reading, and Writing are important educational objectives; but we perceive a unifying thread which runs through all categories and subcategories of the Language Arts Curriculum as traditionally defined. This thread is the process of communication. Whether the student is developing Listening Comprehension skills or writing poetry, the goal in all cases is to make him a more effective encoder or decoder of messages, in short, a more effective participant in the process of communication.

In our view, then, and with specific reference to the bilingual classroom, the major goal of the Language Arts Curriculum may be stated as follows: the student will become a more effective participant in the process of communication conducted in any one of two languages. For the purposes of this presentation, the languages alluded to in the previous goal are English and Spanish. The ideas presented here apply to any other languages.

The task of achieving this goal is complex and difficult. Presently, however, we have two important concepts in the field of linguistics which may provide guidance in developing an effective Language Arts Curriculum.

Professor William E. Bull[2] formulated these ideas based on the work of many other linguists. Important research[3] has been carried out applying these ideas to the study of entity and event labels and to other types of labels. These two ideas are: (1) a model of the communication process and (2) an adaptation of the mathematical theory of sets to language analysis resulting in the postulation of Set Theory to explain linguistic behavior.

The communication process. We said that, in our view, the main goal of the Language Arts Curriculum is to make the student a more effective participant in the process of communication. We may then ask: What does a person do when he or she participates in the communication process? Bull has proposed a model which may help explain how this is done. The model includes four basic processes: Precoding, Encoding, Transmission, and Decoding (see Figure 1).

Let us suppose that a speaker wants to talk about a certain reality, for example, a group of persons. He observes this reality and its organization. Then he abstracts certain features which the

FIGURE 1.   Bull's model of the communication process.

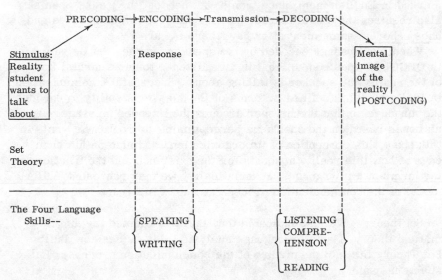

culture has indicated are important in talking about this reality; for example: (1) the group is made up of entities, animate entities in this case; (2) the age, social rank, professional affiliation, sex, etc. of the members of the group; (3) the subject of discourse which has been maintained previously in the conversation; (4) the substance of the message to be communicated, e. g. location of entities, etc. This phase of the communication process is termed PRECODING. A chapter of Hubert Molina's dissertation[4] describes the precoding information needed by a speaker before he can encode a message. Precoding is described as being consistent with the way in which a particular culture organizes reality. The steps necessary to obtain precoding information occur prior to the speaker's decisions at the syntactic level and are apart from information supplied by formal grammars.

Once the precoding has ended with the above-mentioned set of abstractions, the speakers then refers to the language system to determine how this system allows him to ENCODE the message he wants to communicate. Spanish offers different ways to encode the message. However, once a way of sending the message is chosen (optional choice), then the system requires certain arbitrary conventions (obligatory choices). The speaker can say: 'Hay unos señores en la casa ahora' or 'Unos señores acaban de entrar en la casa'. In English, similarly, one can say: 'There are some men in the house now' or 'Some men have just entered the house'. Both messages convey the same idea. The precoding activity in Spanish signaled the choice of señores but not hombres (a sociological choice not as clearly marked in English men); unos 'some' but not los 'the'; etc. Spanish also requires the plural marker -n with acaba to match señores and unos señores 'some men' after hay 'there is, are'.

When the message encoded by the speaker reaches the listener, it is DECODED (postcoded), that is, the listener forms a mental image of the reality the speaker is talking about. Successful communication in Bull's model is defined in terms of the speaker's ability to encode the message so that the listener decodes the intended message. This ability is based on the speaker's perception of the reality he wants to talk about, his perception of its organization, and also on his knowledge of how this reality accounts for the existence and the functions of the forms of his language. Schematically, we may represent Bull's model of the communication process as shown in Figure 1.

Set theory. We also indicated that Bull has adapted the mathematical theory of sets to language analysis. Let us see how Bull's Set Theory fits into the picture of the communication process. Bull (1965) has said:

> When one stops to consider the fact that the number of symbols in Spanish is extremely large (several hundred thousand) and that the number of different possible combinations is literally astronomical, it immediately becomes apparent that no Spanish could possibly manage either the symbols or their combinations if each had to be dealt with as a unique item. To deal with such potential complexity, and especially at the speed of speech, each symbol must belong to some category, the number of categories must be relatively small, and combinations must be treated primarily as combinations of categories rather than as individual items.

The categories mentioned may potentially be thought of as 'semantic sets'. Essentially, a set is a collection of elements which share a certain determined characteristic. Sets are determined by their members. A set A is fully described by describing all the elements of A. The notion of a set is very general, because there is virtually no restriction on the nature of the things which may be elements of a set.

In biological classification, a set is established if all members share one characteristic. As specifications are added, subsets are added; but each subset shares in common those elements which made it a part of the super-set to begin with.

In description of language, sets may be established according to formal criteria (i. e. noun, verb, suffixes, etc.), syntactic criteria (what combinations are possible), and semantic criteria (what is the nature of the entity or event under discussion). In the studies referred to, the use of the term 'sets' always refers to sets established primarily by semantic criteria, although the structural implications are made evident.

Now, what is the relationship between Bull's model of communication and Set Theory? A speaker cannot encode a message until he decides the set to which his subject of discourse belongs. He must decide what events/entities are perceived and can be analyzed, defined, and/or understood, and then how these can be expressed by the devices available in his grammar and lexicon. For example, to talk about an entity in English, the speaker cannot encode his message until he decides to which set this entity belongs--the count entity set or the measure entity set. Once he has determined the set membership, he then refers to the language system for the devices available in the grammar and lexicon to talk about this entity. This does not negate the fact that thoughts which a given language does not have the equipment to express adequately may be conceptualized; and new discoveries are primarily new conceptualizations which then demand new ways to be said or expressed.

To express a new concept or the label of a new entity, the speaker must first fit this new concept into an existing set which can be dealt with in his language in order to encode in the proper existing structures. He may even create a new lexical item compatible with an existing set. For example, when the astronauts first landed on the moon, Spanish quickly produced from luna 'moon' the form alunizar 'to land on the moon', by analogy with tierra 'earth' and aterrizar 'to land on earth', a description of reality which fits right into the existing set of 'movement' in both formation and syntactic combinatory potential. In English, such examples as gasid indigestion and sexpert reflect the same phenomenon.

In the precoding and encoding processes, the culture's organization of reality is reflected, and it is this organization of reality, encoded and delivered as an utterance of speech, which locks into the surface features of the language, thereby becoming 'grammatical' in that language. Awareness of prelinguistic sets, e. g. events and entities, and their organization, which exist in reality prior to any attempt to verbalize them, is essential in communication. Once the speaker has determined what exists at the prelingual level, and what it is he wishes to communicate, he can then determine how much he has to encode so that the listener gets the message.

The curricular implications of Bull's model of communication and his adaptation of Set Theory may now be briefly outlined.

(1) The precise nature of the problems that speakers face in learning to communicate in any language can be defined. In Spanish, learning the difference between tú and usted can be defined as a learning problem which is sociological in nature. Learning to use ser or estar 'to be' with predicate adjectives can be defined as a learning problem of a cultural and a linguistic nature. Spanish and English mark a difference between stating a norm as opposed to deviation from that norm. The linguistic consequences of this cultural universal are different for the two languages: English uses intonation, while Spanish overtly marks the difference by choosing a form of ser or estar.

(2) The skills or tasks that speakers must master in learning a language are redefined. Speakers must understand the precoding activity and encoding activities they use when speaking their own language, and, as students, they must learn the precoding activity and encoding processes used by native speakers of a target language.

This means that, first, speakers must learn to observe the reality they are talking about and its organization in terms of the significant features that their own culture considers in such a reality or in its organization. Second, speakers must become aware of how their own language encodes the significant features of the reality they are talking about. Third, when dealing with another language, students must understand what features of this reality are significant for the foreign culture, how this culture organizes reality, and what logic the culture uses in this organization. Finally, students must learn how the foreign language encodes the significant features of reality about which they want to communicate in the foreign language.

(3) The appropriate learning procedure can be selected to teach a particular learning problem. Selection of such a procedure is based on the type of task or skill the student must master and the nature of the problem which he faces in learning to master this task. For example, in learning to use the past tenses we can define several tasks: learning to use the linguistic forms, learning to identify types of events, learning to identify the aspect of events, etc.

(4) A complete analysis of the learning problems that students face in learning to communicate in a foreign language is possible. This has far-reaching consequences in terms of language acquisition in general. Once linguists are aware of the procedures of precoding, encoding, communication and decoding, it becomes somewhat easier to analyze the language learning process, since this model takes into account all aspects of the communication process.

(5) Economy of teaching and learning time is achieved if notions of set theory are applied to the programming of learning procedures. Specific classroom procedures have been developed which capitalize on set theory, and they present some exciting pedagogical implications.

(6) Since Spanish and English are related cultures, an English-speaking child has already acquired a great amount of intuitive knowledge which can be made conscious knowledge, useful in learning a second language. The same may be said of a Spanish-speaking child learning English. In dealing with the bilingual child, bringing his intuitive knowledge about language to the surface and exploiting both linguistic similarities and differences will lead to greater mastery of both languages.

Bull's model of communication and set theory help us determine which objectives or purposes are important in the Language Arts Curriculum. In precoding, the learner should practice 'associating' the critical features of the members of a set with correct models of language forms and patterns; 'generating' such models when presented appropriate members of known sets; 'establishing' sets and subsets on the basis of new criteria; 'discriminating' between the features of members of different sets; 'choosing' appropriate language forms or patterns as the result of discrimination. In encoding the child should practice 'pronouncing' the sounds of the two languages; 'identifying', in speech or in writing, the meaningful and functional parts of words; 'producing' appropriate sequences of words; 'transforming' given sequences or sentences into other equivalent sentences within the same language or across languages; 'restating' given paragraphs to reflect specific styles of expressions; 'stating' sequences of ideas in logical or coherent manner, etc. In decoding the learner should practice 'listening' to different types of expositions, 'reading' different types of materials; 'recalling', 'inferring', 'concluding'; 'adjusting' to listening or reading for different purposes; 'enjoying' the cultural expressions of the two languages through audio and visual media, etc.

NOTES

1. This is an excellent source for curriculum planning.

2. The precise notions of Set Theory and communications can be found in Professor Bull's book Spanish for Teachers: Applied Linguistics. New York, The Ronald Press, 1965. Also in his article 'We need a Communications Grammar,' Glossa, Vol. 2:2(1968).

3. Among many studies, the following are recommended: Bergen, J. M. Set Theory applied to entity labels. Unpublished doctoral dissertation, University of California, Los Angeles, 1971. Gomez, C. G. Adjective position: its relation to lexical meaning. Unpublished master's thesis, University of California, Los Angeles, 1972. Molina, Hubert. A Model of a Pedagogical Grammar. Unpublished doctoral dissertation, University of California, Los Angeles, 1970. O'Neill, K. F. Observed phonomena of the Pluralization of Spanish measure entity labels. Unpublished master's thesis,

University of California, Los Angeles, 1970. Thornton, J.M. A semantic classification, by sets, of the referents of selected Spanish verbs and their structural implications. Unpublished doctoral dissertation, University of California, Los Angeles, 1971.

4. Molina, Hubert. A Model of a Pedagogical Grammar. Unpublished doctoral dissertation, University of California, Los Angeles, 1970. This dissertation provides an excellent example of the process of PRECODING.

REFERENCES

Bull, William E. 1965. Spanish for teachers: Applied linguistics. New York, The Ronald Press.
Tyler, Ralph W. 1969. Basic principles of curriculum and instruction. Chicago, The University of Chicago Press.

THE ACQUISITION OF THE CONCEPT
OF GRAMMATICAL GENDER
IN MONOLINGUAL AND BILINGUAL SPEAKERS
OF SPANISH

CARMEN SANCHEZ SADEK
University of Southern California

JACQUELINE M. KIRAITHE
California State University, Fullerton

HILDEBRANDO VILLARREAL
University of California, Los Angeles

Theoretical framework and objectives. This study is concerned with the acquisition of the concept of 'grammatical gender' by monolingual speakers of Spanish and bilingual speakers of Spanish and English. Grammatical gender refers to a characteristic of certain Spanish language forms. For the purpose of this study, the language forms under discussion are nouns.

In Spanish, certain nouns are used with the 'masculine' forms of determiners and adjectives, e. g. el reloj 'the watch', ese día 'that day', este monje bueno 'this good monk'. Other nouns are used with the 'feminine' forms of determiners and adjectives, e. g. la bondad 'kindness', esa semana 'that week', esa monja buena 'that good nun'.

Spanish grammarians[1] have traditionally considered the grammatical gender of nouns an intrinsic characteristic of Spanish nouns. Some patterns which help explain this intrinsic characteristic have been found.[2] Many nouns ending in the vowel a, for example, are found to be 'feminine', and many nouns ending in the vowel o are found to be 'masculine'. Exceptions to these generalizations abound and no generalization exists for nouns ending in other vowels and consonants. Nouns referring to persons or other animate entities with specific

sex are usually masculine or feminine, depending on the sex of the
referent of the noun. Exceptions to this rule, however, also abound.

Learning the correct gender of nouns by native or nonnative
speakers of Spanish usually has been conceptualized as a matter of
repetition and trial-and-error. The child is expected to learn the
noun form and its intrinsic gender from other speakers in his environment. Imitation--by way of repetition--of these speakers then
follows. If a new noun is learned in a context in which there is no
indication of its gender--for example, if the child hears for the first
time, Tiene luge 'He has a sleigh'--the child is expected to use the
noun luge 'sleigh' in novel utterances of his own, correctly or incorrectly. Positive or negative reinforcement of his use of the noun
insures learning of the correct form. Thus, if the child says, Su
luge es rojo, using luge for the first time after having heard the noun
only once as stated earlier, his correct use of the noun will be positively reinforced by successful communication.

Professor William E. Bull (1965:105-110) has proposed that the
concept of 'grammatical gender' is not an intrinsic property of
Spanish nouns. Rather, it is a matter of matching the terminal
sounds of nouns with the terminal sounds of adjectives and determiners. He conducted a study and found that when a Spanish noun
terminates with -a, -d, -ción/-sión, -sis, or -itis, 98 percent of
such nouns match the -a form of adjective and determiner pairs in
the cases where adjectives and determiners have two forms, e. g.
bueno/buena. Thus, la casa 'the house', buena ciudad 'good city',
esa oración larga 'that long sentence', and esta crisis abrumadora
'this overwhelming crisis' follow the pattern indicated earlier.

Bull also found that when a noun terminates with -e, -l, -n, -o,
-r, or -s, 96 percent of these nouns match forms of adjective and
determiner pairs ending in -e, -l, -n, -o, -r, and -s. Thus, el
diente ese 'that tooth', el arbol alemán 'the German tree', un libro
inglés 'a book from England', el lugar alto 'the high place' follow
this second pattern. [3]

The implications of Bull's research for the acquisition of the concept of grammatical gender are very clear. Of relevance to the
present study is the implication that the child may have a cognitive--
although intuitive--understanding of the matching of terminal sounds
of Spanish nouns with the terminal sounds of adjectives and determiners.

This study is the first attempt to ascertain if such a cognitive
understanding is reached by children and, if so, at what age level
it is reached by monolingual speakers of Spanish and bilingual
speakers of Spanish and English. Factors affecting acquisition are
also investigated.

Studies of language acquisition. Research on language acquisition has demonstrated that children, at an early age, learn the arbitrary matching patterns of the forms of their language. The studies on the pluralization of nouns in English and the learning of the pluralization rules by English speakers are a case in point (Anisfeld and Tucker: 1967). Other investigations concerning the measurement of first and second language fluency and dominance also reveal that children learn and control many language rules at a very early age (e.g. The Babel Test of Oral Spanish Proficiency, The Marysville Test of Language Dominance, The Basic Inventory of Natural Language, and the collected research papers in Bellugi and Brown, The Acquisition of Language, 1964, etc.).

To date, no research has been aimed at determining the precise patterns of noun and adjective/determiner matching in Spanish. In addition, none of the references consulted indicate a sampling of more than a few children as a basis for the conclusions reached. This study, then, is the first attempt to ascertain the acquisition patterns of the specific language rules dealing with the 'gender' of Spanish nouns following the terminal sound matching postulated by William E. Bull and using as a data base the results obtained from testing 315 children.

Hypotheses. Several hypotheses were tested in this investigation. This paper presents the results obtained in testing the following: (1) both monolingual speakers of Spanish and bilingual speakers of Spanish and English will match Spanish nonsense nouns to appropriate determiner and adjective forms, following Bull's terminal sound matching patterns; (2) monolingual Spanish speakers will achieve mastery of the terminal sound matching patterns of Spanish nouns earlier than bilingual speakers of Spanish and English; (3) there will be no effect due to the type of stimulus presentation on the response patterns of the children tested.

The expectations represented by the hypotheses result from the theoretical work of Bull and from studies of language acquisition. It is hypothesized that children will react to the terminal sound of the nonsense nouns presented and that they will correctly match, by analogy with known nouns, the corresponding forms of adjectives and determiners as theorized by Bull.

It is also hypothesized that monolingual children will be superior to bilingual children since monolinguals have more exposure to noun matching patterns in Spanish and more practice in using these patterns.

It is finally hypothesized that the mode of presentation has no influence on the response patterns of the children tested.

Data sources. In this study a total of 315 Spanish-surnamed children in grades Pre-K, K, 1, 2, and 3 were tested. The children came from three different schools in Los Angeles County. Specifically, two of the schools were in the barrios of the city of Los Angeles and one was in the city of Pomona. Children at all grade levels indicated were tested in all schools.

The participating schools were selected by district personnel from a list of 15 possible schools. The principal of each of the participating schools then designated one or more classrooms for testing by the researchers. The criterion used by the individual principals was 'teacher cooperation', that is, the extent to which each principal thought that the designated classroom teacher would be interested in participating in the study within the sampling needs of the researchers. Thus, the children tested were members of intact groups at each grade level who were present on the day the researchers conducted the testing.

After the testing, the teacher classified the children in their individual classrooms into three broad categories--dominant Spanish monolingual, dominant Spanish/English bilingual, English dominant-- and four language fluency levels. A summary of the population tested appears in Table 1.

Method. A series of nonsense words having the terminal sound characteristics needed for appropriate matching were created for this study. Pictorial definitions of these words were selected. All of the referents of these nonsense words are objects. None is a person or an animal which might be easily identified by sex. These nonsense words and their pictorial definitions are given in Table 2.

The following procedure was used in gathering the data. (1) The researcher sat outside the classroom or inside the classroom in a secluded area, such as a corner of the room. (2) The teacher sent one child at a time to the researcher. (3) The researcher began the session by greeting the child by his/her first name. The researcher then assigned a number to the child which was used in any other identification of the child. (4) The researcher asked the following questions:

(a) ¿Te gusta mirar la televisión?
     'Do you like to watch TV?'
(b) ¿Qué programa te gusta más?
     'Which is your favorite program?'
(c) ¿Y el radio, oyes también el radio?
     'Do you listen to the radio too?'
(d) ¿Cuál es tu canción favorite de las que oyes en el radio?
     'Which is your favorite radio song?'

TABLE 1. Description of population.

| | Dominant Spanish monolingual | | | | Dominant Sp./Eng. bilingual | | | | Dominant English | | Total |
| | Level 1: Communicates mostly in Spanish; very limited use of Eng. | | Level 2: Talks mostly in Spanish; uses English on a limited basis | | Level 3: Talks mostly in Spanish; is fair in use of English | | Level 4: Communicates in both Spanish and English with ease | | Level 5: Spanish surname; English dominant speaker | | |
	M	F	M	F	M	F	M	F	M	F	
Pre-K, K	18	12	14	13	6	9	6	3	1	4	86
1	11	2	3	11	7	14	17	15	2	1	83
2	6	7	8	4	5	5	10	17	7	6	75
3	6	13	7	5	3	5	17	7	3	5	71
Total	41	34	32	33	21	33	50	42	13	16	315
	140				146				29		

TABLE 2. Spanish nonsense words and their pictorial definitions.

Nonsense word	Definition
1. estón	1. surgical utensil
2. saro	2. vine
3. alicutar	3. geometric figure
4. périces	4. rare bird
5. oluche	5. food
6. zomul	6. precious stone
7. leta	7. metal
8. pártara	8. jar
9. asílisis	9. design
10. dución	10. high tower
11. perantud	11. elephant tooth
12. prasitis	12. blackboard hook
13. áluta	13. fly catcher

(5) The researcher then introduced the child to the task to be performed. The task was presented via tape recorder.

The child was asked to repeat the nonsense words used in the experiment after the model. Each word was repeated twice. Then sixteen sets of three pictures each were shown to the child, one set at a time. The first three sets contained common subjects known to the child and served as trials to practice the task. The next twelve sets contained the new nonsense words.

The three pictures of each set had a characteristic in common, such as size or color. This characteristic determined the adjective used for each of the sets. The words were presented in the order shown in Table 3. The form given is the correct response.

The first three sets give practice in all of the possible response combinations presented. The correct answer to the first set is amarilla and this answer is different from the previous stimulus, perro amarillo. The adjective appears after the noun. The correct answer to the second set is grande and this answer is the same as the previous stimulus, hoja grande. The adjective appears after the noun. The correct answer to the third set is nuestro and this answer is different from the previous stimulus, nuestra pluma. The adjective appears before the noun.

Sets with new nonsense words (4-15 in Table 3) require answers with -o and -a adjective forms alternating in succession. The stimulus heard before the last word was different for sets 4, 5, 8, 9, and 12-15, and the same for sets 6, 7, 10, and 11. The adjective

TABLE 3. Stimulus and response for each set.

Stimulus	Expected response: -a matching	-o matching	Type of previous stimulus	Position of adjective
1. camisa amarilla perro amarillo casa	amarilla		different	after
2. casa grande hoja grande lápiz	grande		same	after
3. nuestro cuaderno nuestra pluma . . . . libro		nuestro	different	before
4. plumero limpiador escoba limpiadora estón		limpiador	different	after
5. regla inglesa libro inglés prasitis. . . .	inglesa		different	after
6. hoja ancha pomo ancho saro		ancho	same	after
7. clavo afilado cuchilla afilada perantud . . .	afilada		same	after
8. ese lápiz esa pluma . . . . alicutar		ese	different	before
9. escalera alta pino alto ducción	alta		different	after
10. hormiga gordona gusano gordón périces. . . .		gordón	same	after
11. lápiz negro taza negra asílisis. . . .	negra		same	after
12. helado frío agua fría oluche		frío	different	after
13. pluma roja lápiz rojo pártara. . . .	roja		different	after
14. mal sillón mala ventana . . . . zomul		mal	different	before
15. buena casa buen dinero . . . . leta	buena		different	before
16. el mapa la casa . . . áluta		el	different	before

usually followed the noun except for sets 8, 14, and 15. Set number 16 is eliminated from this analysis since it uses a different pattern.

All stimuli were presented by tape recordings. If a child did not respond to the nonsense word of each set in the time allowed on the tape (approximately 10 seconds), the researcher stopped the tape and repeated the stimulus as many as five times in an attempt to elicit a response from the child. The researcher would nod or positively reinforce the child after each response, correct or not, by saying 'Fine' or 'Good'.

Testing sessions usually lasted over half a school day per classroom. After each testing session the researcher asked the teacher to classify the children according to language dominance and proficiency as indicated in Table 1. All testing was done during the third and fourth month of the current school year.

Results

First hypothesis. Both monolingual speakers of Spanish and bilingual speakers of Spanish and English will match Spanish nonsense nouns to appropriate determiner and adjective forms, following Bull's terminal sound matching patterns.

An analysis of variance was performed on the proportion of correct responses given by the children to all 15 words.

TABLE 4A. Proportion of correct responses to all words.

	Monolinguals		Bilinguals		English dominant		
	K-1	2-3	K-1	2-3	K-1	2-3	
Means	.5256	.6546	.6178	.6050	.3840	.5019	
S.D.	.1641	.1179	.1533	.1452	.0740	.1537	
freq.	66	56	71	69	5	21	288
Bartlett test = 9.2038; F = 1.7983; d.f. = 5; p = .1095.							
Source	S.S.	d.f.	M.S.	F		p	
Mean	34.9865	1	34.9865	1620.0537		0.000	
Dominance:							
Language	.4123	2	.2061	9.5462		0.000	
Grade level	.1772	1	.1772	8.2095		0.004	
D G	.3427	2	.1713	7.9345		0.000	
Error	.0900	282	.0216				

Both the main effects and the interaction prove to be highly significant. From Figure 1 it is easily observed that both monolinguals and bilinguals do significantly better than English dominant children at both grade levels used in the analysis.

FIGURE 1.

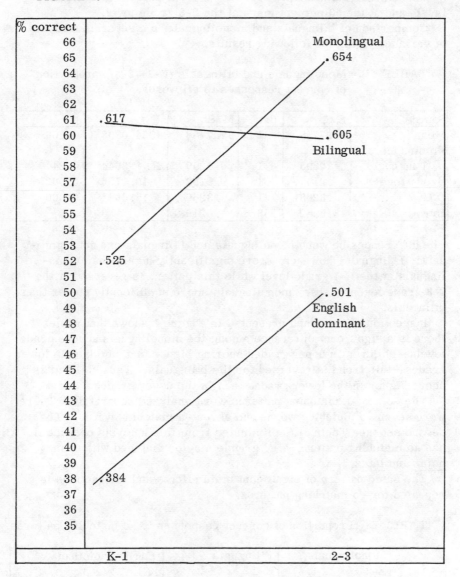

The figures presented lend support to the first hypothesis of this investigation. Both bilinguals and monolinguals matched the Spanish nonsense nouns to appropriate determiner and adjective forms, following Bull's terminal sound matching patterns. The mean proportion of correct responses to all words is above 50 percent for both monolinguals and bilinguals at both grade levels. English dominant speakers score significantly below 50 percent correct at K-1 grade level, and at the 50 percent mark at the 2-3 grade level.

Comparison of bilinguals and monolinguals in a separate analysis of variance yields the following results.

TABLE 4B. Monolinguals and bilinguals (K-1, 2-3), proportion of correct responses to all words.

Source	S. S.	d. f.	M. S.	F	p
Mean	93.7758	1	93.7758	4324.0898	0.000
Dominance:					
Language	.0295	1	.0295	1.3644	0.244
Grade level	.2193	1	.2193	10.1153	0.002
D G	.3266	1	.3266	15.0641	0.000
Error	5.5952	258	.0216		

The differences between monolinguals and bilinguals are not significant. Bilinguals, however, score significantly higher than monolinguals at the K-1 grade level while this pattern is reversed at the 2-3 grade level, that is, monolinguals score significantly higher than bilinguals.

Inspection of the graph presented in Figure 1 shows that while there is a significant difference among the monolinguals across grade levels--children in upper grades scoring higher than children in lower grades--this trend is reversed for the bilinguals. Thus, bilinguals score higher in the lower grades than in the upper grades.

The -o and -a matching patterns were analyzed separately. There were seven -o matching words and seven -a matching words. The second set (see Table 3) is eliminated from this analysis because it has no matching pattern, e.g. grande may be matched with casa, hoja, and lápiz.

The same pattern of significant main effects and interactions is repeated for -o matching patterns.

TABLE 5. Proportion of correct responses to -o matching patterns.

	Monolinguals		Bilinguals		English dominant		
	K-1	2-3	K-1	2-3	K-1	2-3	
Mean	.6060	.7805	.7052	.6844	.3700	.4880	
S. D.	.2569	.1862	.2373	.2361	.0821	.2187	
freq.	66	56	71	69	5	21	288
Bartlett test = 11.0798; F = 2.1652; d.f. = 5; p = .0550.							

TABLE 5. Continued.

Source	S. S.	d. f.	M. S.	F	p
Mean	42.7178	1	42.7178	807.5278	0.000
Dominance:					
Language	1.0690	2	.5345	10.1048	0.000
Grade level	.2390	1	.2390	4.5185	0.034
D G	.6275	2	.3137	5.9313	0.003
Error	14.9176	282	.0529		

Comparing the mean proportions given in Table 4 with those given in Table 5, we observe a marked increase in the proportion of correct responses for the monolinguals and bilinguals while English dominant children tend to score lower. The same trend may be perceived by comparing Figures 1 and 2. These results tend to support the first hypothesis of this investigation.

For the -a matching patterns, the only significant result is grade level effect, that is, children in the upper grades, across all groups of language dominance, score significantly higher than children in the lower grades.

TABLE 6. Proportion of correct responses to -a matching
patterns.

	Monolingual		Bilingual		English dominant		
	K-1	2-3	K-1	2-3	K-1	2-3	
Mean	.3856	.4807	.4767	.4701	.3120	.4400	
S. D.	.1959	.1584	.1947	.1739	.1219	.2167	
freq.	66	56	71	69	5	21	288
Bartlett test = 5.9008; F = 1.1526; d. f. = 5; p = .3300.							
Source	S. S.	d. f.	M. S.	F	p		
Mean	21.2811	1	21.2811	625.8513	0.000		
Dominance:							
Language	.1998	2	.0999	2.9382	0.055		
Grade level	.1515	1	.1515	4.4580	0.036		
D G	.1970	2	.0985	2.8979	0.057		
Error	9.5890	282	.0340				

All mean proportions are below 50 percent correct. Bilinguals, as has been the case before, score higher in grades K-1 than in grades 2-3. The results of this analysis appear to indicate that bilinguals and monolinguals tend to master the -a matching patterns hypothesized by Bull. However, their level of mastery is not as high as that reached by the same children with -o matching patterns.

FIGURE 2. -o Matching patterns.

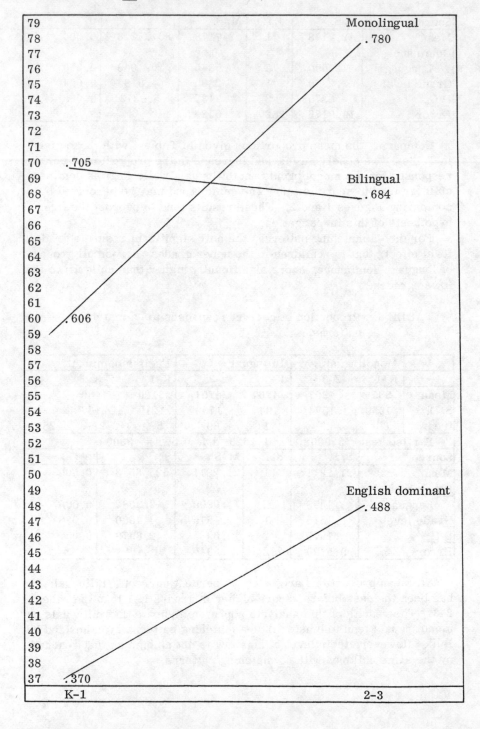

FIGURE 3. 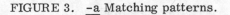 Matching patterns.

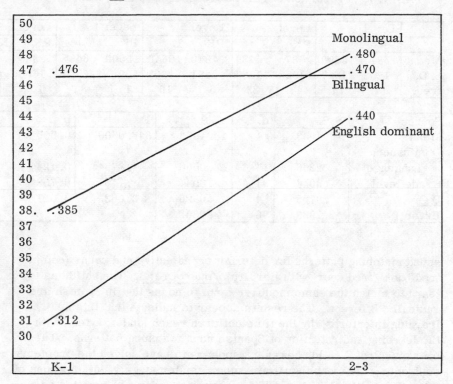

Second hypothesis. Monolingual Spanish speakers will achieve mastery of the terminal sound matching patterns of Spanish nouns earlier than bilinguals.

In all of the analyses thus far presented, bilinguals have consistently performed better than monolinguals in grades K-1, while the reverse pattern of performance is observed for grades 2-3. To ascertain in more detail the nature of this relationship, an analysis of variance was conducted on the scores of Pre-K and K children. Language dominance was defined in terms of levels of fluency (see Table 1). Five levels were identified.

The results presented in Table 7 appear to indicate only a significant interaction. Inspection of Figure 4 reveals that this is the case: bilinguals and monolinguals score higher than English dominant children. Monolinguals, however, score significantly higher than bilinguals at the Pre-K level, while bilinguals are significantly superior to monolinguals at the K level. The results appear to indicate the effects of 'retroactive inhibition', that is, new learning interfering with what has been learned already. Monolingual children entering school in Pre-K are confronted with a new language which has no

TABLE 7. Proportion of correct responses to all words.

	Level 1		Level 2		Level 3		Level 4		Level 5	
	PK	K	PK	K	PK	K	PK	K	PK	K
Mean	.5814	.5300	.6875	.4439	.4840	.6840	.5500	.6475	.2933	.4000
S.D.	.1852	.1667	.1053	.1586	.2281	.1002	.00	.2654	.1680	.00
freq.	14	16	4	23	5	10	1	8	3	2

Source	S.S.	d.f.	M.S.	F	p
Mean	10.4653	1	10.4653	346.0600	0.000
Dominance:					
Language	.2266	4	.0566	1.8734	0.124
Grade level	.0044	1	.0044	.1467	0.703
D G	.3705	4	.0926	3.0633	0.021
Error	2.2983	76	.0302		

sound matching patterns for determiner/adjective and nouns (compare 'red book'/'red door' with libro rojo/puerta roja). The child has to learn to match the same modifier form to nouns that in Spanish are radically different. The results appear to indicate that this new learning interferes, by the time children reach kindergarten, with the learning and retention of Spanish noun matching patterns. The bilingual Pre-K child, however, appears to have solved the problems confronting the monolingual at a much earlier stage. But, because of this binguality, he has not had a chance to learn and practice as many patterns as the monolingual child has learned. The bilingual child progresses from Pre-K to K in a normal fashion, learning both English and Spanish rather well.

The superiority of the bilingual child in grades K-1, as observed in previous analyses of variance, may be explained in the same fashion. Bilinguals appear to be superior because of the retroactive inhibition which monolinguals experience as they move from K to first grade.

The second hypothesis postulated in this study appears to be supported by the results obtained at the earliest point of entrance into the school environment. Since at higher grade levels no control was exercised on the time of entrance into school, it is difficult to decide, on the basis of the evidence, if the hypothesis is supported or not at the higher grades.

Third hypothesis. There will be no effect due to the type of stimulus presentation on the response pattern of the children tested.

FIGURE 4.

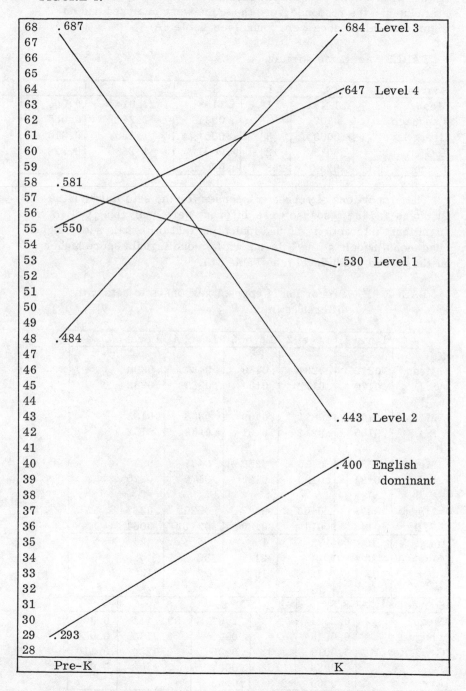

The proportions of correct responses for the sets in which the stimulus and the response were the same were analyzed and no significant differences were found (see Table 8A).

TABLE 8A. Same stimulus.

Source	S. S.	d. f.	M. S.	F	p
Mean	.1148	1	.1148	1324.0144	0.000
Language	.0007	4	.0001	2.2411	0.065
Grade level	.0003	3	.0001	1.1837	0.316
L G	.0013	12	0.0001	1.2836	0.228
Error	.0232	268	0.00009		

The proportions of correct responses for the sets in which the stimulus and the response were different were analyzed. Only a significant interaction is found indicating that bilinguals score higher than monolinguals at the K level, while monolinguals score higher at the second grade level (see Table 8B).

TABLE 8B. Proportion of correct responses to sets with different stimuli.

	Level 1	Level 2	Level 3	Level 4	Level 5
K					
Mean	.0312	.0234	.0480	.0437	.0300
S.D.	.0170	.0172	.0154	.0287	.0282
1					
Mean	.0407	.0371	.0409	.0368	.0133
S.D.	.0165	.0212	.0181	.0163	.0152
2					
Mean	.0484	.0416	.0380	.0407	.0353
S.D.	.0181	.0199	.0139	.0170	.0225
3					
Mean	.0378	.0466	.0487	.0320	.0387
S.D.	.0143	.0143	.0180	.0212	.0064
freq.	16	23	10	8	2
	13	14	21	32	3
	13	12	10	27	13
	19	12	8	24	8

Source	S. S.	d. f.	M. S.	F	p
Mean	0.2591	1	.2591	799.1413	0.000
Language	0.0026	4	.0006	2.0753	0.084
Grade level	0.0019	3	.0006	2.0284	0.110
L G	0.0083	12	.0007	2.1502	0.014
Error	0.0869	268	.0003		

Conclusions. Evidence has been presented that gives strong support to children's acquiring the specific sound matching patterns as postulated by Bull. The overall superiority of both bilinguals and monolinguals in learning these patterns appears to support the contention that these children intuitively have abstracted the sound matching patterns postulated and can apply them to the matching of new words.

The fact that the children performed better in the matching of the -o patterns than the -a patterns is interesting since it would appear, on the surface, that the -o patterns are more complex. Further investigation of this problem is needed. It is important, however, to state that the concept of 'grammatical gender' as defined by most traditional grammarians should be revised in light of the findings presented here; and that the concept should be viewed as 'intrinsic' only because once the terminal sound matching pattern is determined, that pattern becomes a requisite of Spanish.

Evidence has been presented that strongly supports the view that monolinguals achieve mastery of the sound matching patterns earlier than bilinguals. The question remains, however, as to how the learning of a new language interferes with the earlier superiority of the monolinguals. Further studies of this complex problem are needed.

Further investigation of the lack of progress of bilingual children as they move through the different grade levels is also needed. Many of the children participating in this study were in bilingual programs and all of the children were in neighborhoods where Spanish is the predominant language of parents and neighbors, and in schools where Spanish is the first or second language of most teachers and administrators. There would seem to be no reason for a decline in the initial superiority of bilinguals in mastering sound matching patterns. The type of classroom instruction, if any, affecting the observed decline therefore merits further study.

Finally, evidence has been presented that supports the view that the methodology used in this study is a viable research tool. More refinement of the method is needed, however, to clarify the reasons for the significant interaction observed.

NOTES

1. The Esbozo de una nueve gramática de la lengua española (Madrid, Espasa-Calpe, S. A., 1973) defines 'gender' as follows: 'Decimos que un nombre es femenino o masculino cuando las formas respectivamente femeninas o masculinas del artículo y de algunos pronombres, caracterizadas las primeras por el morfema de género -a, y las segundas por el morfema de género -o, -e o por ningún morfema, se agrupan directamente con el sustantivo en construcción

atributiva o aluden a él fuera de esta construcción.' At the same time
the grammar explains (p. 173) that 'La lingüística moderna coincide
en este punto al pie de la letra con la gramática tradicional, a
propósito de la lengua española y de otras lenguas de morfología
análoga: el nombre sustantivo tiene un género o pertenece a un
género, los pronombres y los adjetivos poseen morfemas flexivos de
género.'

2. See, for example, 2.2.7, 'Forma de los nombres en relación
al género', Esbozo de una nueva gramática de la lengua española,
pp. 177-179.

3. The statistical breakdown on noun and adjective terminal sound
matching appears in William E. Bull's Spanish for Teachers: Applied
Linguistics (New York, The Ronald Press, 1965), p. 109.

REFERENCES

Anisfeld, M. and R. G. Tucker. 1967. English pluralization rules
of six-year-old children. Child Development 38. 1202-1217.

Bellugi, Ursula and Roger Brown. 1964. The acquisition of language. Chicago, The University of Chicago Press. Originally
published in the Monographs of the Society for Research in Child
Development, vol. 29.

Berko, Jean. 1958. The child's learning of English morphology.
Word. 14. 150-177.

Bloom, Lois. 1968. Language development: Form and function in
emerging grammars. Unpublished doctoral dissertation. New
York, Columbia University.

Brown, R. and Jean Berko. 1960. Word association and the acquisition of grammar. Child Development. 31. 1-14.

Bull, William E. 1965. Spanish for teachers: Applied linguistics.
New York, The Ronald Press.

Chomsky, Carol S. 1969. The acquisition of syntax in children from
5 to 10. Cambridge, Mass., The MIT Press.

Ervin, Susan. 1964. Imitation and structural change in children's
language. In: New directions in the study of language. Edited by
E. H. Lenneberg. Cambridge, Mass., The MIT Press.

Feldman, Carol F. and Maris Rodgon. 1970. The effects of various
types of adult responses in the syntactic acquisition of two- to
three-year-olds. Unpublished paper. Dept. of Psychology,
University of Chicago.

Jakobson, R. and M. Halle. 1956. Fundamentals of language. The
Hague, Mouton.

Leopold, W. F. 1939, 1947, 1949. Speech development of a bilingual
child: A linguist's record. 3 vols. Evanston, Ill., Northwestern
University Press.

McNeill, David. 1970. The acquisition of language: The study of developmental psycholinguistics. New York, Harper and Row.

Menyuk, Paula. 1964. Syntactic rules used by children from pre-school through first grade. Child Development 35.533-546.

Menyuk, Paula. 1967. Acquisition of grammar by children. In: Research in verbal behavior and some neurophysiological implications. Edited by K. Salzinger and Suzanne Salzinger. New York, Academic Press. 101-110.

Montes Giraldo, José Joaquin. 1971. Acerca de la apropiación por el niño del sistema fonológico español. Thesaurus 26.322-346.

Olmsted, D. L. 1971. Out of the mouth of babes: Earliest stages in language learning. Janua Linguarum, Series Minor 117. The Hague, Mouton.

Piaget, J. 1926. The language and thought of the child. New York, Harcourt, Brace.

Real Academia Española. 1973. Esbozo de una nueva gramática de la lengua española. Madrid, Espasa-Calpe, S. A.

Rice, U. M. and F. J. di Vesta. 1965. A developmental study of semantic and phonetic generalization in paired-associate learning. Child Development, 36.721-730.

di Vesta, F. J. 1966. A developmental study of the semantic structure of children. Journal of Verbal Learning, Verbal Behavior, 5.249-259.

EXTENT AND USE OF INDIGENOUS VOCABULARY IN GUATEMALAN SPANISH

GARY EUGENE A. SCAVNICKY

Wayne State University

Current standard Guatemalan Spanish is the result of over four hundred years of linguistic crossbreeding, a process which is continued today by most bilingual speakers. In addition to sparse phonetic and syntactic contributions, these speakers have introduced many new words related to their daily lives and the flora and fauna of the region.

Present-day Guatemala is one of the largest geographical divisions carved out of the colonial Capitanía general de Guatemala (1542-1821), which included the current southern Mexican states of Tabasco and Chiapas, and the republics of Belice (British Honduras), Guatemala, Honduras, El Salvador, Nicaragua, and Costa Rica. According to Costales Samaniego (n. d. :1), although the entire area contained many local Indian languages, the Toltecs and Aztecs in Mexico began to superimpose their culture and language long before the arrival of the Spaniards.

Today, most Indian languages have been eliminated in Nicaragua and Costa Rica. [1] There are scattered Indian populations in Honduras and El Salvador where the majority of speakers use either Pipil, Miskito, or Lenka. [2]

Guatemala, with proportionately more Indian people than any other Spanish-American country, contains a pure indigenous population of approximately 65 percent; 15 percent are bilingual, and the remaining 50 percent speak only the native Indian languages, among which the most popular are Achí, Aguatecan, Cakchiquel, Caribe, Chuy, Ixil, Jacaltecan, Kajobal, Kekchí, Mam, Maya-Quiché, Pokomán, and Tzutujil (Samaniego n. d. :4). The other 35 percent, except for a limited number of non-Spanish European bilinguals located in the capital and the second largest city, Xelajú, speak Spanish exclusively.

Many scholars have worked on current Mexican Spanish, but the few works documenting lexical or indigenous contributions to Guatemalan Spanish were written at the end of the nineteenth or at the beginning of the twentieth century. [3] Many words have disappeared; the etymologies of the Indian words given are erroneous or unfounded. Fortunately, for historical and comparative reasons these works continue to be useful. Though suffering from the shortcomings previously cited, one dictionary is worth mentioning. Lisandro Sandoval's Diccionario de guatemaltequismos, a collector's item published in 1942, contains both indigenous lexicon and Spanish words and phrases which are either used mainly in Guatemala or have connotations which are understood there only.

A recently published study by Lope Blanch on the indigenous vocabulary actually used in standard Mexican Spanish as opposed to the hundreds of items found in the numerous dictionaries and glossaries, [4] showed that only about 160 Indian words were used actively or passively in standard Mexican Spanish (Lope Blanch 1965:396). Similarly, up to this point the true situation of indigenous vocabulary in Guatemalan Spanish has been sadly neglected.

The descriptive updating of this Indian vocabulary necessitated first a listing of the Indian lexicon found in Sandoval's dictionary and those Indian words which were employed by contemporary authors of Guatemalan fiction and nonfiction. Second, the procedure entailed the arranging of interviews, spontaneous or otherwise, with Spanish speakers from virtually every Guatemalan class with the exception of the Indian, bilingual, and mestizo classes. [5]

During the interviews the actual use and meaning of words were obtained through asking lead questions, e.g. 'What do you call a dark hard wood used in furniture making?', or 'What term would you use for a strip of cloth placed on top of the head and used to carry baskets of fruit?', and others. In several interviews the word had to be stated first and then a negative or positive recognition followed. The results of this limited group of words would most appropriately be categorized as passive vocabulary, as opposed to the majority of words and meanings which were solicited through lead questions and conversations and which would consequently be considered active vocabulary.

The interviews were conducted with speakers from the two most cosmopolitan centers, Guatemala City and Xelajú (Quezaltenango), the second largest city. The interviewees were divided into four age groups: Group I (ages 14-21), Group II (ages 22-35), Group III (ages 36-50), and Group IV (ages 51 and over).

The aforementioned division in groups of four produced several diverse patterns of usage. To begin with, the informants of Group IV (ages 51 and over) confirmed what had already been suspected, namely, that they employed more frequently the Indian vocabulary contained in the basic lexicon list. Group III (36-50), for example, used less than the over-50 age group, and in several instances they used a newer Indian word in place of the rarer Indian item. Consider, for example, the word capixay (Sandoval 1942:II, 162), 'a round piece of cloth used by the Indians as a support to carry bushels or baskets of fruit and vegetables'; this was recognized and used actively by the oldest group. The 36-50 age group, on the other hand, called this head support a suyacal (Sandoval 1942:II, 634), a word which meant something completely different to the over-50 age group. Replacing an older indigenous word with a newer word of Indian origin became the exception, not the rule. Generally speaking, the new word replacement was of Spanish origin. The two younger groups did not recognize the aforementioned suyacal and referred to the object with a semantic description in Spanish, similar to the definition given above in English. The youngest age group used the least number of Indian words. This, however, should not imply that the oldest group managed an extensive Indian vocabulary. Yet, unlike the Mexican-Spanish reduction, Group IV recognized and used approximately 54 percent of the Indian vocabulary list. Group III recognized and employed 41 percent of the items. Group II used 39 percent of the list, and Group I recognized and used 22 percent.

This phenomenon, for literary reasons, seemed rather unfortunate because several nationalistic pieces of literature included themes based on the Indian or peasant in relation to his problems with life and agriculture. Consequently, a popular, patriotic short story, El mecapal, [6] which is quite important and alive among the older groups, has become meaningless to the younger groups.

In addition to the decrease in use, the interviews with all age groups revealed several other important linguistic factors. First, the definitions recorded in Sandoval did not always correspond to the meaning discussed or advanced by the informant. In fact, some had changed quite substantially. A good example is the aforementioned suyacal.

Secondly, in interviews with representatives from all middle and upper socio-economic classes, those from classes almost economically equal to comparable mestizo or Indian classes refused to recognize a word that sounded 'very indigenous'. After the project was explained and they realized that they were not going to be labeled or associated with the mestizo classes, they became more secure and relaxed, and acknowledged the existence or their use of the word. This socio-racial reservation is one of several other linguistic-related class restrictions directly or indirectly disclosed during the conversations.

The interviews demonstrated a surprising correlation to the phenomenon among the children of first generation immigrants to the United States in their desire to use correct, if not hypercorrect, vocabulary and syntax. Informants from Guatemalan middle and upper-middle classes hesitated to acknowledge their use of an indigenous form or an extremely familiar form of address: the pronoun vos and its corresponding verb forms. The upper classes of Guatemala used these forms daily without reservation; yet the upper-middle and middle classes generally disregard their existence or use when in the presence of members of either a lower or higher class.

Approximately 600 items were used to conduct the interviews. Although the lexical morphemes of the words involved were completely Indian in source, several roots contained Spanish suffixes and were included also. The younger groups used words containing Spanish suffixes with the general, originally documented meaning. One example is the word aguacatillo (Sandoval 1942:II, 23), 'a type of wood useful in furniture making', according to Sandoval and members of the older groups. The younger age groups realized that the word had something to do with the root aguacate 'avocado', but attributed a traditional diminutive meaning to the suffix -illo. Consequently, they defined aguacatillo as 'a small avocado'. In addition, suffixes like -al, -iche, and -ote, which can be of Spanish or of Indian origin, were emitted with typically Spanish denotations (Scavnicky 1974:87-89).

In terms of geographical-age distinctions, the younger people of Xelajú (Quezaltenango) knew neither more nor less than the young group from the capital. In several cases the young Quezaltecans could not recognize a word actively used by all groups in the capital. Take, for example, the word atoleada (Sandoval 1942:II, 23), 'a get together of either family or friends during which the drink atol [7] is served'. Although this item was completely unknown to the young Quezaltecans, they did recognize vocabulary items like the palm tree buxnay (Sandoval 1942:I, 36) and others, which were said to be used primarily in Xelajú and in the department of Quezaltenango.

Both young Quezaltecans and Guatemalans recognized and used in several cases the Indian root of a word, e.g. ayote, 'a vegetable similar to acorn squash'. However, a derivative like ayotal (Sandoval 1942:I, 98), in which case the suffix is of Spanish or of Indian origin (Predmore 1952:143), meant absolutely nothing to them. Ayotal, a plantation of ayotes, was unidentifiable either because the informants were urban in experience or because it had entered Spanish as an Indian cultural-linguistic phenomenon. Another example of this type is the word cacaste, recognized by all groups; and cacastada (Sandoval 1942:I, 141), 'the contents of what can fit in a cacaste or basket', was used only by the two older groups.

In several cases the reverse situation occurred, involving the possible recognition of both root and suffix. Consider the derivative catizumbada (Sandoval 1942:I, 172). Although they recognized and used the derivative, the root, catizumba, [8] was unknown to the two younger groups.

Various items have had to be temporarily discarded because several respondents recognized and used a word, but they would add that they had learned it in El Salvador, or that it was used principally in Mexico, e.g. cipote 'a young boy' (Sandoval 1942:I, 183).

Approximately 225 words were not recognizable by any group. Group IV (age 51 and over) recognized and used about 375 words, just 50 items more than Group III (ages 36-50). Group III recognized and employed only 15 more words than Group II (ages 22-35). Group II used 175 more words than Group I (ages 14-21). [9]

Group I, which in terms of actual use includes the three older groups, actively used a total of 135 words. This active vocabulary of Indian origin is the most common to Guatemalan Spanish speakers. Examples of the types of lexical items follow:

(a) Fruits and vegetables:
   achiote 'a type of squash'
   aguacatal 'the avocado tree'
   caimito 'a tropical fruit'
   camote 'a type of sweet potato similar to the yam'
   piloy 'a type of dark brown bean'
   pozol 'corn which is ground'
(b) Animals:
   cutete 'a nonpoisonous reptile'
   coyote 'coyote'
   pijije 'a type of wild duck'
   tacuacín 'a type of large crow which eats corn'
(c) Articles used for clothing and those used in the home:
   caite 'a sandal worn by Indians and lower classes'
   comal 'a layer of clay which is heated to cook the tortillas'
   guacal 'a type of clay vessel used to drink water'
   paxte 'a glove-type wash cloth made of the dried fibers of
        an abundant variety of watermelon'

It should be noted that most of these examples have entered Spanish from the Toltec-Aztec languages. Other words are Central American Indian in origin, e.g. cux[10] and pacaya (Sandoval 1942: II, 179).

Several words of the lexicon could not be placed in the four age categories because the evidence was not generalized enough to categorize them.

The 225 words which were not recognized can be semantically divided into trees, plants, animals, rare insects, fish, Indian-type articles of clothing, expressions for sick children, kinship terms, various aspects of the agricultural preparation of land, terms for chiefs or bosses, the devil or other mythical deities, professions that no longer exist, e.g. jungle guides.

I would like to conclude with one of the most interesting linguistic results which had been directly exposed by the interviews; namely, that in Guatemalan Spanish there is linguistic evidence enough to add another phoneme to the usual number of phonemes in Guatemalan Spanish.

I had been preexposed to the sound š in a few Guatemalan Spanish words; the interviews confirmed not only their existence, but the use of other words which are written with orthographic x and pronounced with the phone [š]. Unlike initial x in Mexican Spanish (cf. the pronunciation of xicales/hikáles/, xicotenga/hikoténga/ and Xochimilco/sočimílko/), the following commonly used words are actualized with the voiceless palatal fricative in Guatemala:

xeca 'a black bread used daily in Guatemala'
xocomil 'a strong wind which blows over Lake Atitlán'
xola 'the head'; possibly a variant of Andalusian chola
xolco, ca 'a person who is lacking one or more teeth; 'a type of jar (mas.)'
xolón, na 'a person who has large upper extremities'
xolotón, na, a variant of xolón, na.
xuco, ca, refers to anything which is decomposing and consequently has an unpleasant odor; in the western part of the country the masculine form designates a type of pungent tamal.
xuquearse 'to become sour or pungent'; enxucarse.
xute 'a sharp point, a person who meddles into the affairs of others', and the 'anus'.

Although several criteria should be used to determine whether or not [š] can be categorized as a phoneme, along with paxte[11] (contrasting with the imperative paste from pastar), five of the nine entries form minimal pairs with other commonly used Central American Spanish words, e.g. xeca/seca, xola/sola, xolón/tolón, xuca/yuca, and xute/tute. These pairs, as a result, pose the question of whether or not the phone [š] should be considered a phoneme in Guatemalan Spanish. Future investigation of Central American Spanish may indeed provide an answer.

NOTES

1. Alfredo Costales Samaniego, Diccionario de modismos y regionalismos centroamericanos (San José, n. d.), p. 3.
2. Ibid., p. 4.
3. Typical of such scholarship are the following: Antonio Batres Jáuregui, El castellano en América. Guatemala, 1904; Hildebrando A. Castellón, Diccionario de nicaraguanismos. Managua, 1939; Juan Fernández Ferraz, Nahuatlismos de Costa Rica. San José, 1892; Carlos Gagini, Diccionario de barbarismos y provincialismos de Costa Rica. San José, 1892-93; Antonio José Irisarri, Cuestiones filológicas. Guatemala, 1862; Adrian Recinos, Adivinanzas recogidas en Guatemala. San Salvador, 1925; Salomón Salazar García, Diccionario de provincialismos y barbarismos centroamericanos. San Salvador, 1910; Lisandro Sandoval. Semántica guatemalense, o diccionario de guatemaltequismos. 2 volumes. Guatemala, 1942.
4. In addition to Santamaria's works, one dictionary devoted to aztequismos is worth mentioning: Cecilio A. Robelo, Diccionario de aztequismos. México, n. d.
5. I am grateful to the National Endowment for the Humanities, which awarded me a summer stipend to carry out the interviews in Guatemala during the summer of 1973.
6. Gabriel Angel Castañeda, El mecapal. Guatemala, n. d.
7. Central American Spanish equivalent of Mexican atole 'a hot drink made of milk, sugar, ground corn and cinnamon'.
8. The root, catizumba (Sandoval 1942:I, 172) refers to a crowd of persons or things.
9. The actual totals for all groups are: Group I, 135 words; Group II, 310 words; Group III, 325 words; Group IV, 375 words.
10. Cux-/kuš/(Sandoval 1942:I, 251) refers to a type of palm tree similar to the amate in Mexico.
11. Paxte-/pášte/ is defined by Sandoval (1942:I, 251) as a 'cucurbitácea y seca esponja para el baño'.

REFERENCES

Lope Blanch, Juan M. 1965. Sobre la influencia de las lenguas indígenas en el léxico del español hablado en Mexico. In: Actas del segundo congreso internacional de hispanistas del Instituto español de la Universidad de Nigmega.
Predmore, Richard L. 1952. El sufijo -al en el español de Guatemala. Nueva Revista de Filología Hispánica, VI.
Samaniego, Alfredo Costales. n. d. Diccionario de modismos y regionalismos centroamericanos. San José.

Sandoval, Lisandro. 1942. Semántica guatemalense, o diccionario de guatemaltequismos. 2 volumes. Guatemala.

Scavnicky, Gary Eugene A. 1974. Los 'sufijos' no españoles y las innovaciones sufijales en el español centroamericano. Thesaurus XXIX, January-April.